美しい住まいと家づくり

緑と住む。

庭・縁側・土間・窓辺から
住まいを整える

X-Knowledge

Contents

緑と住む。

1章

玄関・アプローチ

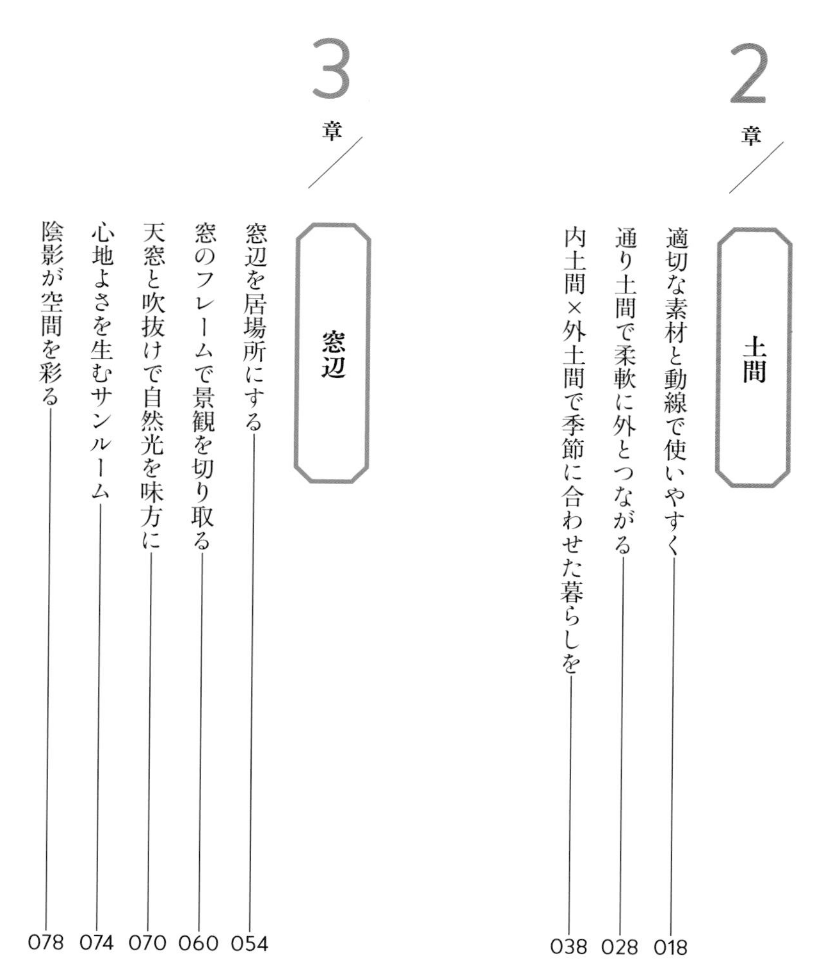

Contents 緑と住む。

4章 テラス・バルコニー・縁側

5章 庭

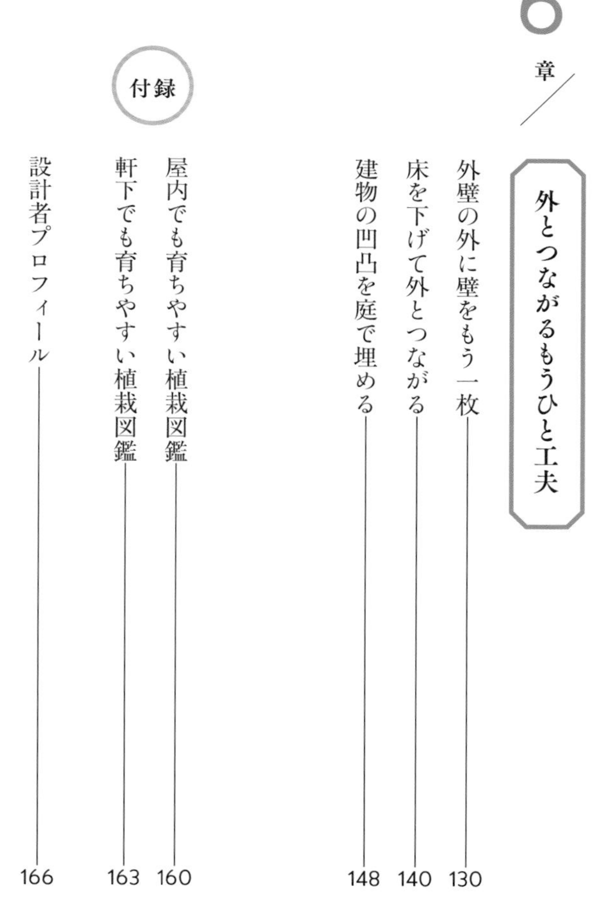

6章

外とつながるもうひと工夫

付録

※本書は、『建築知識』2020年3月号特集を再編集したものです。

Staff Credit

［デザイン］
細山田デザイン事務所（米倉英弘＋奥山志乃）

［図面トレース・イラスト］
加藤陽平
小松一平
榊原清玄
志田華織
渋谷純子
杉本聡美
田嶋広治郎（フレンチカーブ）
坪内俊英
長岡伸行
長谷川智大
濱本大樹
堀野千恵子
ヤマサキミノリ
吉田美春（アトリエ橙）

［DTP］TKクリエイト

［印刷・製本］図書印刷

凡例

本書の図面に記載されている記号は下記の意味を表しています

動線	- - - - - - - - - - ▶
採光［＊］	☀———
目線・視線	◀・・・・・・・・・・▶
通風	〰〰〰〰〰▶

＊太陽高度を示すものではありません

1章

玄関・アプローチ

玄関・アプローチ

玄関前のひと呼吸が落ち着きを生む

屋内と屋外をつなぐ玄関やアプローチは、家から出るとき、外から帰ってきたとき、その両方の場面で非常に重要な役割を果たします。玄関前にちょっとしたスペースを設けてワンクッション置けば、空間に重みが生まれ、玄関やアプローチで人を迎える役割が濃くなります。また、屋内から屋外を見たとき、屋外から屋内を見たときに建物全体に奥行きが生まれ、広々とした空間に見せることも可能です。

このような場所の壁や仕切りには開口部を設けたり、ルーバーや、透明・半透明で仕切りの向こう側が見える素材を採用したりするとよいでしょう。視線が抜けて奥行きを感じられます。それにより開放感が得られ、居心地のよさにつながるのです。なお、ルーバーを設置する場合は、ルーバーの間隔に注意しましょう。現場で住まい手と一緒に検討し、屋外からの視線を遮りながら、屋内からの視線の抜けも感じさせる間隔を決めることが大切です。また、外気にさらされるルーバーは、耐候性や補修のことまで考慮したいところ。一般流通材を使用し、耐久性を上げるために保護塗料を塗布するとよいでしょう。

［堀部太］

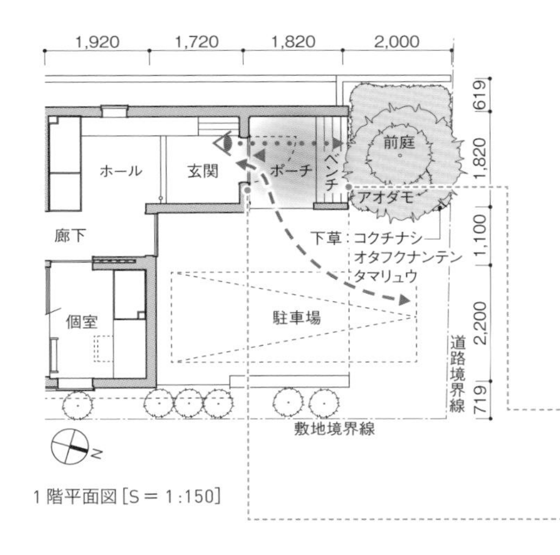

1階平面図［S＝1:150］

目隠しにもなる
ベンチ付きポーチ

北側の前面道路からのアプローチに、前庭とポーチを約1坪ずつ設け、緑を見ながらゆったりと回り込むアプローチとした。玄関からは、ポーチを挟んでその向こうに前庭が見える。玄関戸を開けたとき、前庭とポーチは外部からのほどよい目隠しにもなる。

前面道路と玄関の間に植栽を配すると、外部からの視線が植物で遮られる。半屋外空間（ポーチ）と屋外空間（庭）を連ねることで、奥行き感も増す

準防火地域内の場合、延焼のおそれのある部分にある玄関戸は防火設備としなければならない。ここでは、ポーチを壁で囲うことで延焼ラインをかわし、造作の木製玄関ドアで質感を高めた

玄関からポーチ・前庭を見る。ポーチと前庭が前面道路からの視線を遮り、ベンチでひと息つける憩いの場にもなる

 「若林の家」所在地：東京都、設計：村田淳建築研究室、写真：村田淳

アプローチを囲う
木のトンネル

前面道路から玄関、中庭に至るまで、約15mのアプローチをルーバーで囲って建物全体の広がりを演出した。アプローチを囲うことで降雨・降雪時の手間を減らせるだけでなく、外部からの視線を遮りながら、室内から庭や外の様子を眺められる。

ルーバーの一部は開き戸なので、ここを開けば、中庭と外庭がつながり広々とする

ルーバーには、垂木材として一般流通しているマツを使用。コストを抑えられ、補修もしやすい

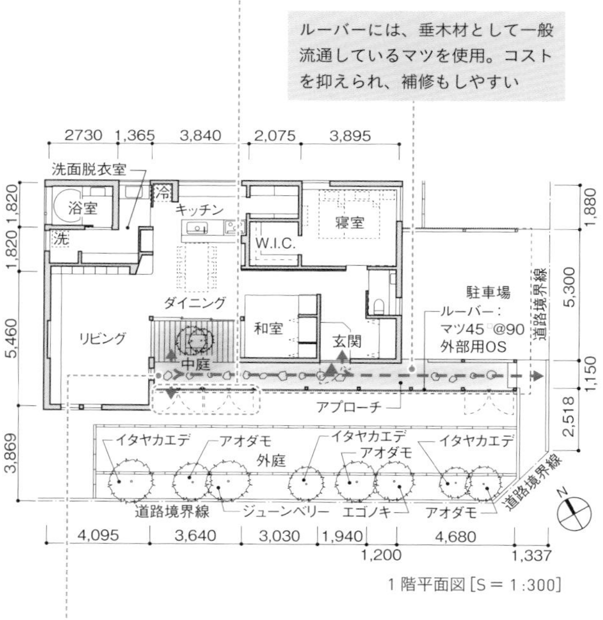

1階平面図［S＝1:300］

囲いながらも抜けるルーバーに

屋内からも屋外からも、アプローチ空間を介して広がりを感じられるようにしたい。ここでは45㎜角のルーバーを90㎜間隔で並べて、視線の抜けをつくっている

「雁木の家」所在地：北海道、設計：堀部太建築設計事務所、写真：佐々木育弥

リビング・ダイニングから中庭方向を見る。中庭・ルーバーを介して庭の緑を眺められ、緑との距離がぐっと縮まったようにも感じられる

軒を深く出して アプローチを 落ち着きの場に

北側の前面道路に向けて、奥行き3.6mの屋根付きの大きなアプローチを設けた。さらに道路側に軒を1,350㎜出すことで、落ち着いた空間となった。ちょっとした待ち合わせや、玄関に向かうまでの気持ちの切り替えなどにも使える。

アプローチと庭の境界に、下部をオープンにしたルーバーを設けた。外に向けて庭を見せつつ、プライバシーと落ち着きが得られる

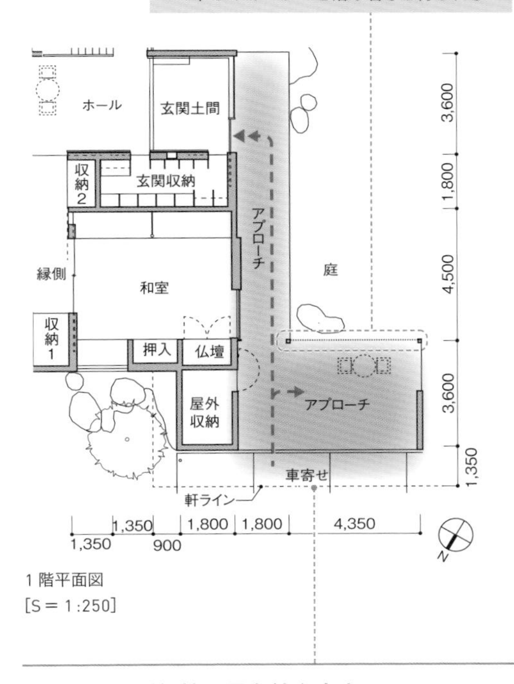

1階平面図
[S＝1:250]

軒を出して利便性と居心地を向上

アプローチは奥行きが狭くても、軒を出すだけで安らげる空間になる。その場で傘を差したり、待ち合わせに使ったりなど、さまざまな活用が可能だ。雨を避けられるので、車寄せスペースとしても便利

深い軒で覆われた奥行きの広いアプローチ。椅子や机を置いてテラスのようにも使える

 「尼崎の住宅」所在地：兵庫県、設計：上町研究所、写真：平野和司

玄関・アプローチ

四季を楽しむ中庭兼アプローチ

庭に面したリビングやダイニングに大開口を設ければ、内と外の一体感がある豊かな空間をつくり出せます。大開口は、プライバシーの確保が課題となりますが、外部からの視線を気にせず過ごしたいなら、塀や建物でしっかり囲い込んだ中庭をつくる手法が効果的です。内に閉じすぎた家になってしまわないよう、庭には外から玄関までの動線を引き入れ、アプローチと一体化させるとよいでしょう。リビング・ダイニングから庭伝いに出入りするので、明るく気軽で楽しい雰囲気の家になります。また日常の出入りに庭を利用することで、四季折々の細やかな変化を楽しむこともできます。「豊かなアプローチ」「リビング・ダイニングと一体感のある庭」という2つの理想を、限られた敷地面積で実現できます。

課題となるのは、生活感のあるリビング・ダイニングの守り方。アプローチ手前、庭の入口に門扉やインターホンを設け、そこで訪問者の応対ができるよう計画するとよいでしょう。また、靴・衣類や掃除道具などをしまえる十分な収納スペースを玄関付近に併設しておけば、家の入口をすっきりと美しく見せることができます。

［新井崇文］

人と季節が行き交う アプローチ

プライバシーが確保されたコートハウスと、来訪者を温かく迎えるオープンな玄関。この2つを両立させるため、ここでは玄関までのアプローチを中庭に引き入れた。中庭の周囲には高さ2mの板塀をめぐらせ、前面道路からの視線を遮っている。囲われた中庭は日照が限られるため、耐陰性のある樹種を植えている。

植栽は室内からの眺めだけでなく、来訪者からの見え方も考慮して配置したい。ここではシンボルツリーをリビング・ダイニング寄りに植え、エントランスからは正面に植栽帯が見えるように配置した。道路からの目隠しとしての役割も果たす

プライバシーや防犯性を高めるため、ポストやインターホンは塀の外に配置。中庭に立ち入る来訪者をふるいに掛ける効果あり

住まい手は自宅サロンを経営しているので、来訪者が多い。玄関をすっきりとさせるため、3畳程度のシューズクロゼットを設置した。靴や掃除用具など、玄関廻りに溜まりがちなモノの置き場所となっている

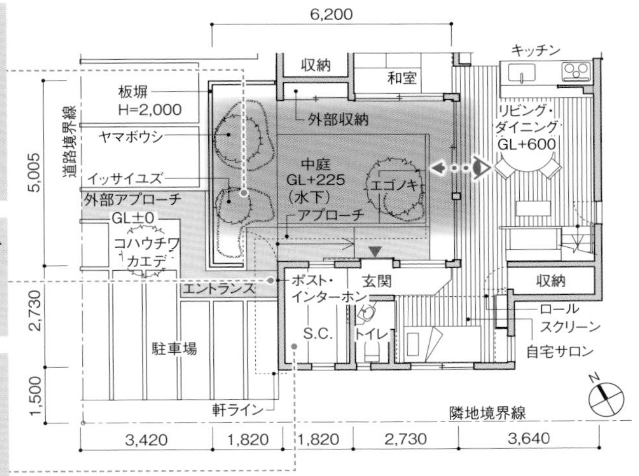

1階平面図[S＝1:200]

リビング・ダイニングから中庭を見る。高さ2mの板塀(写真奥)は、1FLから見ると高さ1.4m。道路からの視線をかわすと同時に、室内からの視線は上に向かって抜ける

「朝霞の家」所在地：埼玉県、設計：新井アトリエ、写真：新井崇文

ポーチからダイニング方向を見る。黒を基調とした室内・ポーチと、明るい中庭とのコントラストで、中庭の存在感が増す

公私を分ける中庭とポーチ

南側が道路の場合は、プライバシーの観点から庭と開口の配置に工夫が必要だ。大開口に面し、外部にほどよく開いた中庭を大きなポーチで囲い込めば、緩やかに公と私を分けることができる。

キッチン・ダイニングを中庭と坪庭で挟み込むように配置。各庭の面積が小さくても、配置によって室内にもたらされる開放感は増す

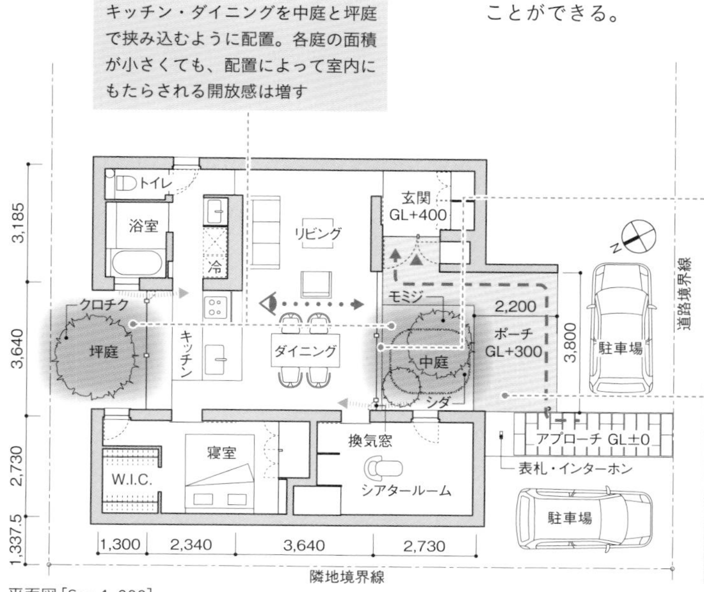

平面図［S＝1:200］

ダイニングの大開口は景観と防犯のためFIX窓としている。壁際に換気窓を設ければ、景観を邪魔することなく通風を確保できる。スリット窓（ここでは幅300×高さ2,250㎜）なら、外出中や夜間も開放できる

ポーチには庇と袖壁を設けて中庭を囲い、室内廊下のような独立性を高めた。表札・インターホンのあるアプローチからポーチを1段（300㎜）上げることで、来訪者に公と私の境界線を印象づけている

「荒巻青葉の家」所在地：宮城県、設計：菊池佳晴建築設計事務所、写真：齋藤涼（エスエス）

2章

土間

土間

適切な素材と動線で使いやすく

昔から土間は、土足で使える半屋内空間として農家や町家で使われてきました。特に雪国では冬期の作業場として重宝されてきました。現代でも、住宅内に土間を設け、道具のメンテナンスなど汚れがちな作業を行う場や外で使うモノの収納空間として、また気軽に家の内外を出入りできるつなぎ目として使われていますが、居室をあえて土間化するのも便利です。玄関廻りを兼ねると動線的にも使いやすくなります。また古い住宅でよく見られたように、キッチンなどの水廻りも、土間との親和性は良好。作業の効率性を考えると、現代でも有効な配置です。

土間の床材は、タイルやモルタルなど、多少汚れても掃除がしやすく、耐久性のある素材がお薦め。日射の入る南側に土間があると、冬場はそこが蓄熱体にもなるので、温熱環境面でもメリットが生まれます。また、土間とつながるほかの部屋とは、あえて床材を変えたりレベル差をつけたりすると、土間の役割が明確になり、使い勝手が向上します。単に仕上げ材を土間仕様にするのではなく、機能と役割をもたせた空間とすることが大切です。［井上貴詞］

約10坪の広い土間が交流の場になる

増改築されていた築150年の古民家を新たにリノベーション。農家兼民宿を営む住まい手のため、農作業や来客などに対応できるよう10坪ほどの広い玄関土間を設けた。雨天時や冬期の作業場としてだけでなく、交流スペースとして多機能的に使える。

玄関土間からすぐの場所に、洗面脱衣室や浴室、トイレ、キッチンを配置。帰宅後に浴室やトイレに直行したり、買い物や農作物の収穫後にキッチンに直行したりと、無駄のない動線になる

玄関土間と板の間との段差は450㎜。2段になっているので、土足のまま腰かけることも、靴を脱いで腰かけることもできる

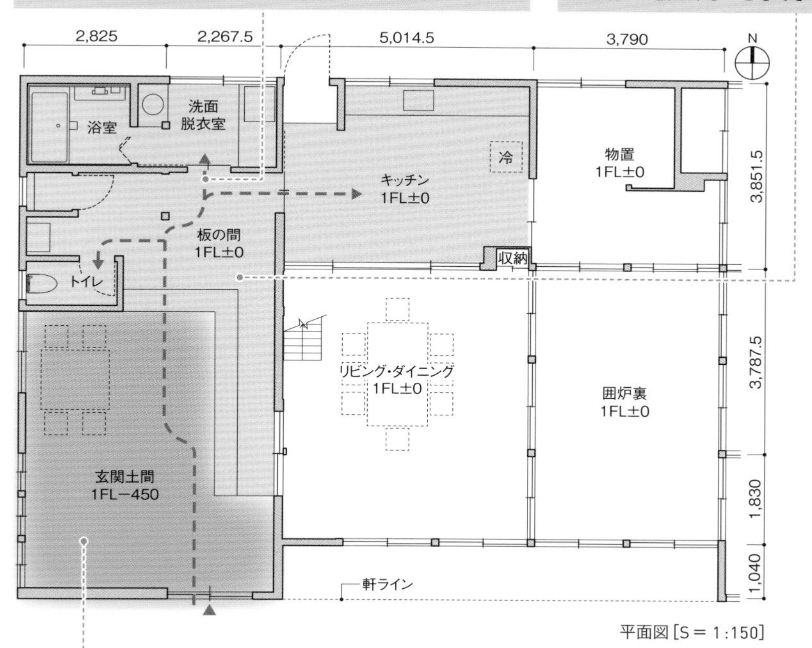

平面図［S＝1:150］

奥行き約6.6m、幅約5mの玄関土間。出入りや来客が多い場合でも、土足のまま気軽に家のなかまで入れるので便利。大人数で鮎焼きやスイカ割りなどのイベントやワークショップもできる広さ

土間部分は室内の一部として活用でき、土足で使える

「森の家」所在地：山形県、設計：井上貴詞建築設計事務所

1階リビング(写真手前)と土間DK(写真奥)。屋内に居ながら屋外を感じられる開放的な住まい

緩やかに外とつながる
土間キッチン

廊下や玄関をなくし、代わりに土間を広げることで、住宅規模とコストを抑えた。寒冷地で見られる風除室なども設けず、1階床面積の半分近くを占める土間が玄関やダイニング、キッチンなどを兼ねるとともに、外との連続性も保っている。

仕上げで仕切る

土間DKとリビングを段差なしでつなげた。DKはコンクリート金鏝仕上げ、リビングはフローリング(カラマツ)仕上げ。見切り材は付けずに突き付けて仕上げ、緩やかに仕切るとともに開放感をもたらしている

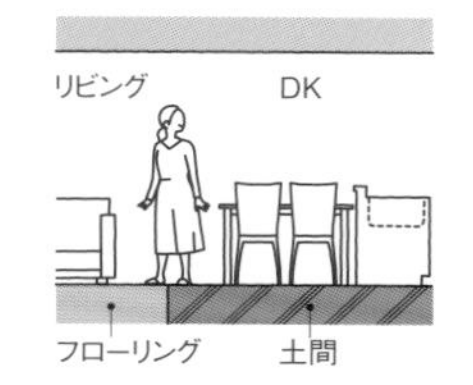

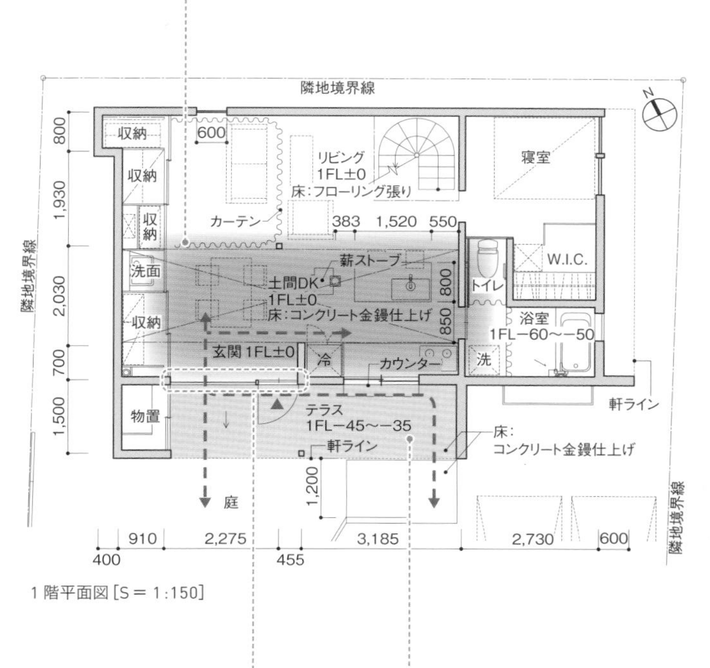

1階平面図［S＝1:150］

温熱環境的には、土間キッチンのFIX窓(ペアガラス)と断熱ドアで内外が区切られる。窓や壁で単純に仕切るのではなく、テラスと土間DKを庭とリビングの間に置き、緩やかに区切った。風除室なしでも快適に過ごせる

薪置き場として使えるテラス上部に内樋を設けている。そのため、軒先から雨や雪が落ちてくることはない。また、テラスには1,500㎜の奥行きがあるため、雨や雪が降っても濡れない。床が庭に向かって傾斜しているので、水はけもよい

「ウメハウス」所在地：北海道、設計：エム・アンド・オー、写真：酒井広司

天窓と石張りの床で 家のなかに外をつくる

南庭に面するLDKと、そこから続くテラスの床仕上げに蛇紋石(じゃもんせき)を使用した。内と外の床を同じ材料で仕上げ、外部的な要素である石材を屋内の広い範囲で使うことで、外部との距離感が縮まり、家のなかに居ながら外の自然を感じられる住まいとなった。

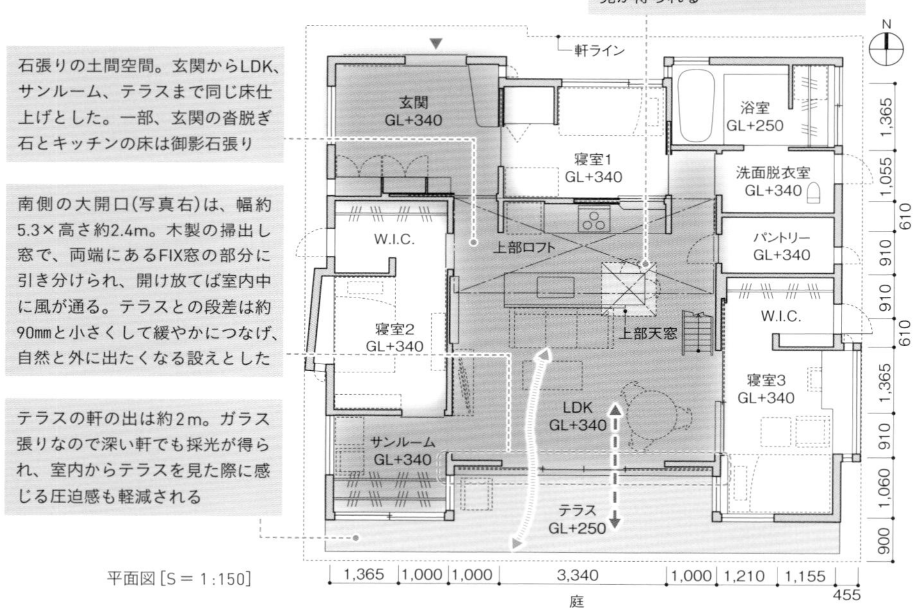

ロフト上部に天窓を設け、暗くなりがちな平屋の中心付近にも通風・採光を確保。室内で庭を眺めながら、庭の延長にいるような感覚が得られる

石張りの土間空間。玄関からLDK、サンルーム、テラスまで同じ床仕上げとした。一部、玄関の沓脱ぎ石とキッチンの床は御影石張り

南側の大開口(写真右)は、幅約5.3×高さ約2.4m。木製の掃出し窓で、両端にあるFIX窓の部分に引き分けられ、開け放てば室内中に風が通る。テラスとの段差は約90mmと小さくして緩やかにつなげ、自然と外に出たくなる設えとした

テラスの軒の出は約2m。ガラス張りなので深い軒でも採光が得られ、室内からテラスを見た際に感じる圧迫感も軽減される

平面図[S＝1:150]

床の蛇紋石は乱張りとし、目地幅は外部さながら約10〜30mmと太くランダムに走らせた。水磨き仕上げで滑りにくいので、ともに暮らす犬2匹にとっても過ごしやすい

「一橋学園の家」所在地：東京都、設計：佐藤・布施建築設計事務所、写真：石曽根昭仁

室内全体に外のような雰囲気を

居室と縁側のように、空間を明確に分けてしまうと、その分の床面積を割く必要がある。居室も中途半端な広さとなり、部屋として使いにくくなってしまうケースも。ここでは、居室の床をすべてタイル仕上げの床暖房付き土間として、室内全体に縁側のような雰囲気を与えた。

リビング方向を見る。大開口で仕切られているが、リビングの土間床から軒下の犬走りまで、ほどよい一体感がある

軒高さ2,185㎜の庇を設け、庇の出は約1,850㎜と深めにし、強い日差しを遮った。屋内に居ても軒裏が見えるので、外とのつながりを感じやすい。開口を大きく取っているほか、タイル仕上げとした土間床に反射した光も相まって、庇が深くても室内があまり暗くならず、また雨天時でも犬走りまで出られる

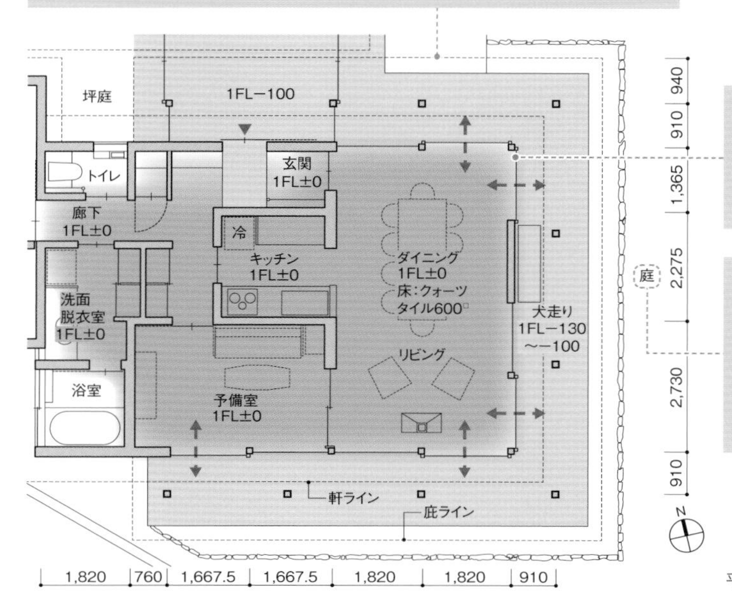

室内外の床レベル差が小さい(100〜130㎜)と、高齢者でも容易に内外を行き来でき、心理的にも外が近くなる

外と一体化した内部空間とするなら、プライバシー確保と眺望の両面から、庭づくりまでを設計の一部と考え、外に何があるとよいのかを検討する必要がある

平面図［S＝1:150］

「萌蘖住居棟」所在地：鹿児島県、設計：横内敏人建築設計事務所、写真：小川重雄

スキップフロア×土間で
もっと多用途に

小さな子どもや犬と暮らす家庭では、室内に土間を設けると清掃性が高まり、重宝する。外から帰ってすぐに済ませたい手洗いや、ベビーカーなど外で使うモノの片付けに便利だからだ。室内飼いの犬が出入りできる場所を限定したい場合にも同様。ここでは、リビングとは別に、人と犬の共用スペースとなる土間リビングを設け、スキップフロアで緩やかに空間を仕切った。

スキップフロアで空間を分ける

土間リビングからダイニング・キッチンまで、用途が変わるのに応じて床レベルを少しずつ上げていき、全体に連続性をもたせながら緩やかに空間を仕切った。土間リビングまでが人と犬の共用スペース、リビングより上は人専用のスペースとなる

土間リビングは、床をモルタル仕上げ、壁をラフなラワン合板仕上げとした。リビングとは仕上げを変え、汚れを気にせず作業できるよう配慮した

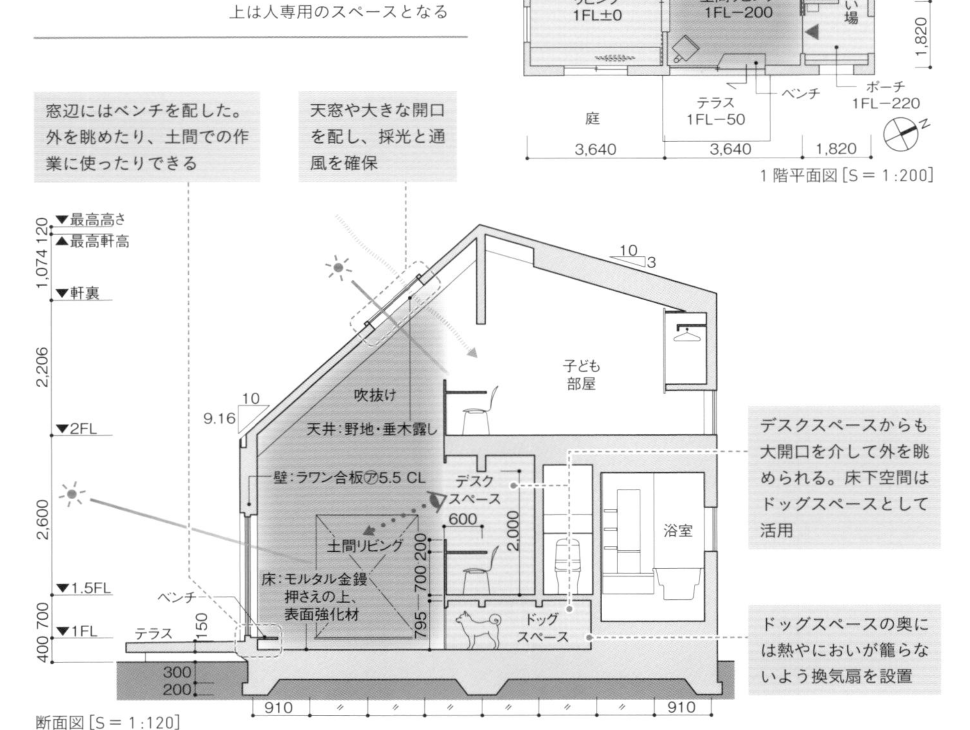

1階平面図［S＝1:200］

断面図［S＝1:120］

「いわきの土間家」所在地：福島県、設計：g_FACTORY建築設計事務所、写真：上田宏

土間リビングは庭やリビングとの
行き来もしやすく、さまざまな場
面で活躍できる

天井高で変化を

南面は天井を低くし、袖壁を付けた土間続きの縁側空間に。袖壁を付けることで縁側空間が強調され、庭と屋内のアトリエとの緩衝帯となる。同じ土間床仕上げでも天井高が変わると、空間にメリハリが生まれる

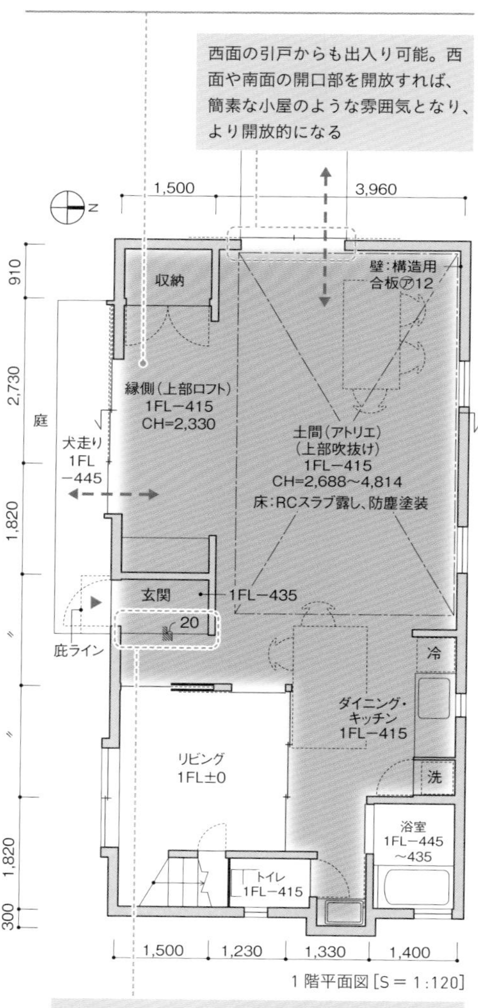

西面の引戸からも出入り可能。西面や南面の開口部を開放すれば、簡素な小屋のような雰囲気となり、より開放的になる

1階平面図［S＝1:120］

土やほこりなどの侵入を防ぐため、玄関には20㎜の段差を設けた。玄関以外のアトリエ〜水廻りまではフラットな土間空間が続く。土間床には厚さ50㎜の断熱材を入れたのみだが、冷え込みは少ない

「大河原の家」所在地：宮城県、設計：井上貴詞建築設計事務所

柔らかな木の印象が家じゅうを包む 住居兼アトリエ

アトリエのある1階を、リビング以外ほぼすべてコンクリート床仕上げとした住まい。屋内なのに屋外のような雰囲気が家の奥まで続く。小上りのリビングの建具を開放すれば、ほぼワンルームのような広々とした空間になる。

土間(アトリエ)から水廻り方向を見る。室内の壁・天井は構造用合板露しでコストを抑えつつ、コンクリート土間の印象を木でやわらげ、開放的な空間に仕上げた

通り土間で柔軟に外とつながる

土間は、靴を履いたまま活動する空間。必然的に外部が内部に入り込む空間となります。通路を土間化するメリットは、空間の多用途化と、屋内外を行き来しやすくなることです。たとえば玄関。靴の着脱や内外の境界を示す場所として機能する一方で、普通、それ以外では利用されません。そこを土間空間として拡張すれば、自転車やベビーカーの置き場、ペットの足洗い場、町家の「通り土間」のような通路としてなど、多目的に利用できます。

土間空間の活用には、その用途に応じた平面計画が必須です。薪ストーブを置くならその近くにキッチンがあると便利ですし、玄関土間と連続した浴室があれば帰宅後に直行して入浴できます。通り土間ならば靴のまま奥庭や駐車場へ行けるなど、求める住みやすさに応じて必要な部屋と土間を接続させることが重要です。

注意したいのは、土間部分と居室部分をオープンにするか、区画するかという点。区画したほうが室内の熱負荷は軽減できますが、使いやすさは半減します。通風や採光、冷暖房機器の選定を同時に検討しながら、適切な配置を心がけましょう。

［渡辺ガク］

玄関からガレージへ 家を貫く通り土間

室内と地下階のビルトインガレージを直接行き来できるよう、玄関から地下階まで一直線に貫く土間を設けた。土間を介して庭にも出入りでき、玄関とビルトインガレージを、またリビングと庭をつなぐ空間として土間が機能している。

庭→テラス→土間→リビングの順に、緩やかに外部から内部へと移行していく

土間とリビングの段差は200㎜。仕上げが変わるので、間仕切がなくても緩やかにリビングと区切られる。腰かけて庭を眺めたり、自転車の整備などもできたりと、幅1,200㎜でも土間での作業がしやすく、用途の幅も広がる

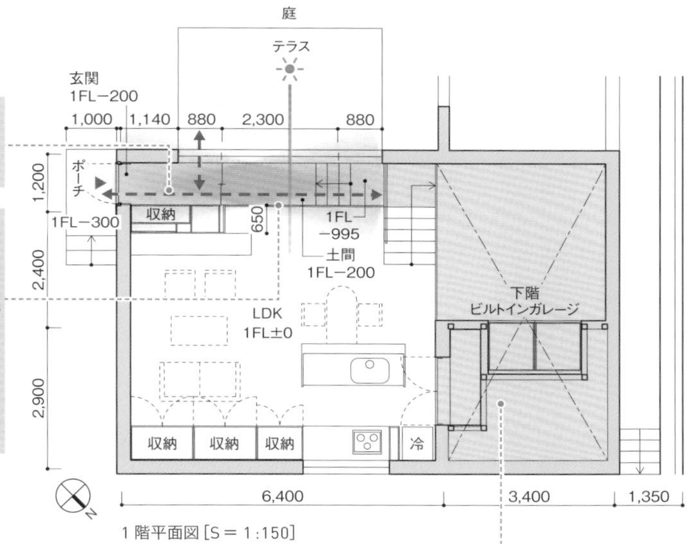

1階平面図［S＝1:150］

敷地内が緩やかに傾斜しているため、斜面の低いほうに半地下のビルトインガレージを配置。地下階へと土間が一直線に続く

ビルトインガレージ側の階段から玄関方向を見る。庭側の大開口に面した土間は外部のような開放感を室内にもたらす

 「HOUSE2／5」所在地：北海道、設計：エム・アンド・オー、写真：大塚達也

住まい方を彩る 通り土間と内土間の組み合わせ

農作業や近隣とのつき合いなどで、人の出入りが多いことを考慮して、土足で家の内と外を行き来できる土間を設けた。家の中心を貫く通り土間を介して茶の間やダイニングなどの居室がつながり、土間が生活の中心になっている。

吹抜けを組み合わせる

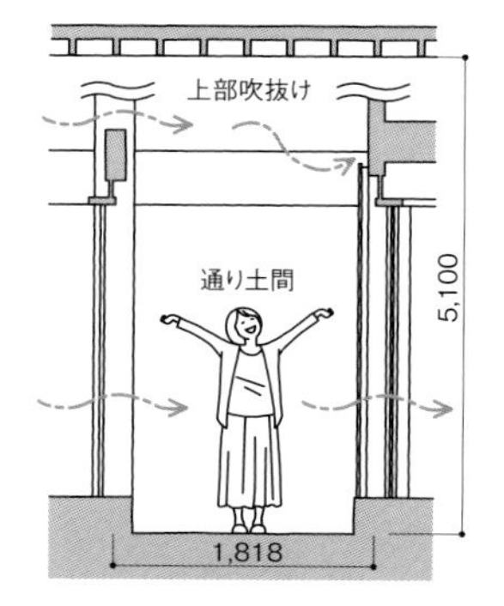

土間空間を吹抜けと組み合わせると、高さ方向の開放感が生まれ、より外のような印象を屋内にもたらす

内土間には薪ストーブを設置し、来客時の応接スペースとしても活用している。冬は太陽光による土間蓄熱と薪ストーブで暖房をまかない、各居室の土間に面した建具を開閉することにより温熱環境を調整できる。夏は南北の開口から風を取り込み、各室に流す仕組みだ

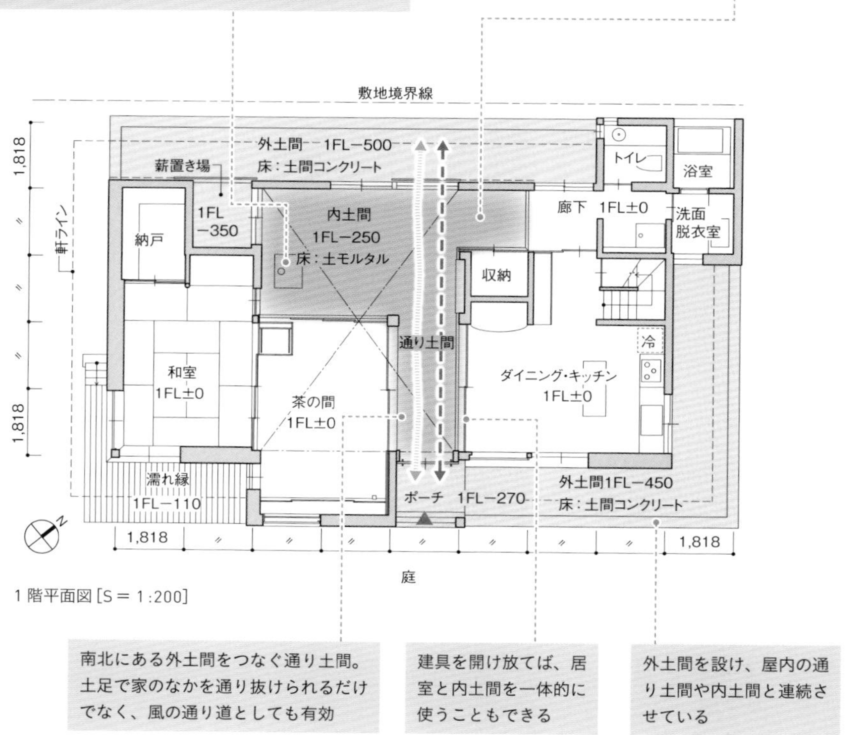

1階平面図[S＝1:200]

南北にある外土間をつなぐ通り土間。土足で家のなかを通り抜けられるだけでなく、風の通り道としても有効

建具を開け放てば、居室と内土間を一体的に使うこともできる

外土間を設け、屋内の通り土間や内土間と連続させている

通り土間から内土間方向を見る。
1階の約1／3を占める土間は、
約6mの天井高と相まって、屋内
ながらまるで広場であるかのよう
な開放感を生み出している

リビングと庭が ぐっと近づく

玄関から家事室まで一直線に続く通り土間と、玄関からリビングに続く内土間・縁側を同一の床レベルとした。通り土間〜縁側を一体的に使えるため、この場所がさまざまな動線やシチュエーションに対応できる半屋内空間となった。

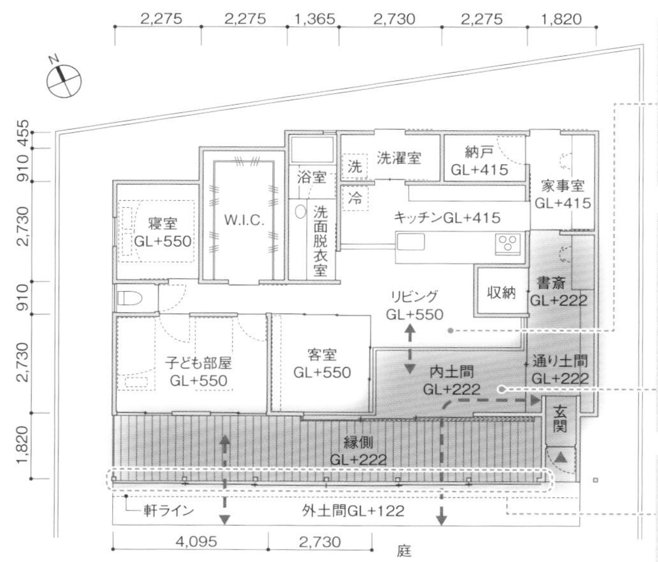

リビングと内土間の床の段差は約330mm。外部からの粉塵の侵入を防ぐとともに、土間とリビングにいる人の目線がバッティングしないよう、高低差で緩やかに仕切っている

リビングの一角を、通り土間へと続く内土間にした。リビングから庭や玄関への行き来がしやすく、広い玄関土間としても使え、来客の対応もしやすい。リビングに外のような雰囲気も加わり、リビングと外部の関係をより近づけることができた

縁側を囲む格子戸には防虫網を入れた。一年中、天候にかかわらず縁側とリビングを一体的に使えるほか、防犯面でも役立つ

平面図［S＝1:200］

縁側・内土間・リビングを見る。伝統的なイメージの強い縁側や土間と、畳敷きのリビングを組み合わせたことで、新旧の雰囲気が織り交ぜられた空間となっている

「格子土間の家」所在地：三重県、設計：アトリエルクス、写真：志摩大輔

南側玄関から北側玄関を見る。ガラス戸を通して外の景色や空気が入り込み、開放的な空間となっている

狭小地だから活きる 多機能な土足空間

総2階建て、延床面積20坪の本事例では、通り土間に玄関や作業スペースなど、複数の機能をもたせた。土足で使える多機能空間を内に取り込むことで、生活に必要な機能を確保しつつ、のびのびと暮らせる住まいとなった。

寝室・子ども部屋と土間との段差は300㎜と腰かけやすく、寝室の小上り下部は土間側から使える収納スペースになっている。多機能な土間に合わせ、利便性を高める工夫を随所に施した

通り土間は、玄関、階段室、廊下、子ども部屋や寝室の延長スペース、作業場としての機能を併せもつ

角地に立っているため、北側と西側に接する2つの道路とスムーズにつながるよう、南北方向に伸びる通り土間を家の中心に配置した。通り土間を経由することで、行き止まりとならずに敷地全体で回遊動線が生まれる

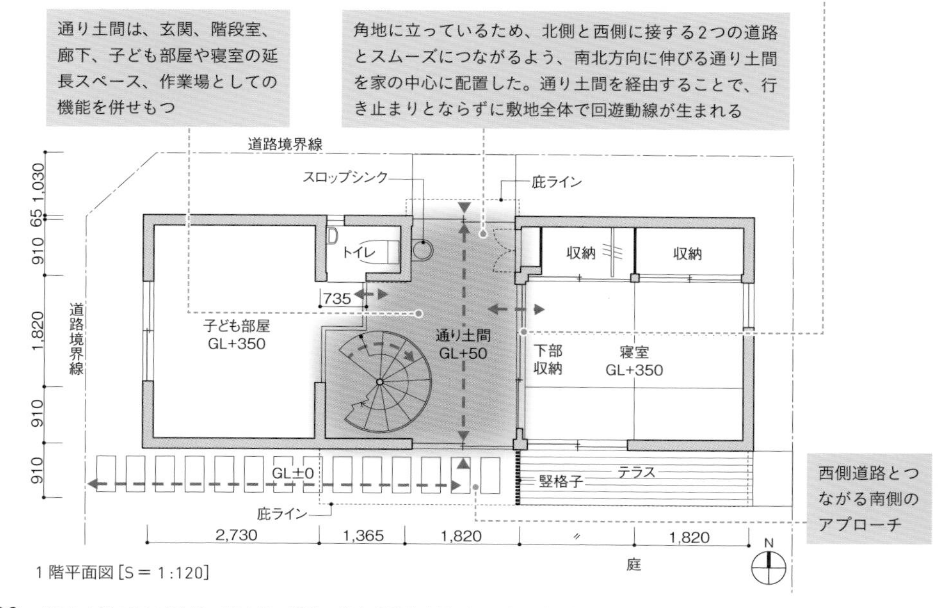

西側道路とつながる南側のアプローチ

1階平面図[S＝1:120]

「通り土間の家」所在地：東京都、設計：荒木毅建築事務所、写真：淺川敏

南東側外観

LDKから通り土間と2階方向を見る。2階ホールと奥の個室はカーテンで間仕切るため、薪ストーブの暖気が個室まで行き渡る

薪ストーブ×通り土間で 大自然のなかでも 暖かく使いやすく

約180坪の自然豊かな敷地。住まい手はアウトドアが趣味で、薪割りや釣りなどを楽しむ。そこで家の中心に通り土間を設け、内外の出入りをスムーズにした。通り土間は、LDKのある1階と寝室のある2階へのアクセスの起点にもなっている。

通り土間と薪ストーブの配置

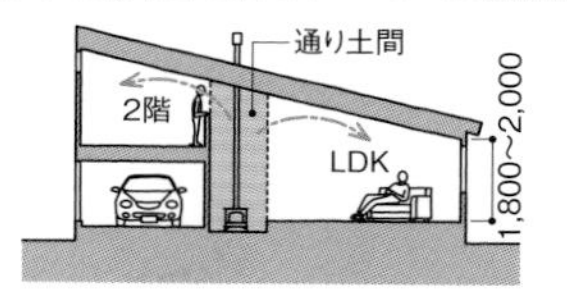

薪ストーブ1台で家全体の暖房をまかなうため、LDKと2階の勾配天井のそれぞれ最も低い部分の天井高を1,800〜2,000㎜に抑え、屋内の気積を極力小さくした。通り土間と薪ストーブを家の中心に置くことで、熱が効率よく家じゅうに伝わり、また長い冬を薪ストーブとともに楽しめる

通り土間には犬小屋と薪ストーブを設置。土間とリビングの段差は300㎜なので、薪ストーブを囲んで座るのにちょうどよい高さ。ここで暖を取ったり、犬と戯れたりできる

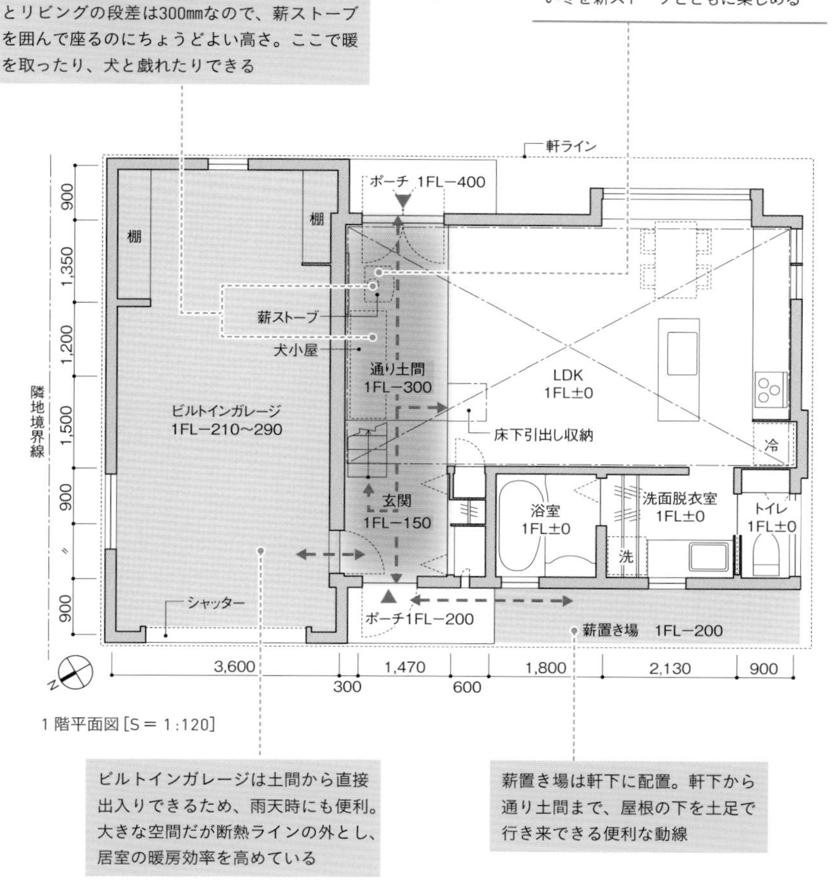

1階平面図［S＝1:120］

ビルトインガレージは土間から直接出入りできるため、雨天時にも便利。大きな空間だが断熱ラインの外とし、居室の暖房効率を高めている

薪置き場は軒下に配置。軒下から通り土間まで、屋根の下を土足で行き来できる便利な動線

 「ハウスインメムロ」所在地：北海道、設計：エム・アンド・オー、写真：大塚達也

庭と家じゅうをつなぐ
通り土間

間口が狭く細長い敷地の場合、長手方向を貫くかたちで通り土間を設けると、空間を生かしやすい。各部屋が必ず外部や庭につながるよう設計したこの住まいでは、1階は通り土間をコア(核)として、3つの庭とのつながりをもたせている。

1階通り土間。写真奥の階段手前で靴を脱ぎ、1階奥や2階の居住スペースへ進む

庭と立体的につなぐ

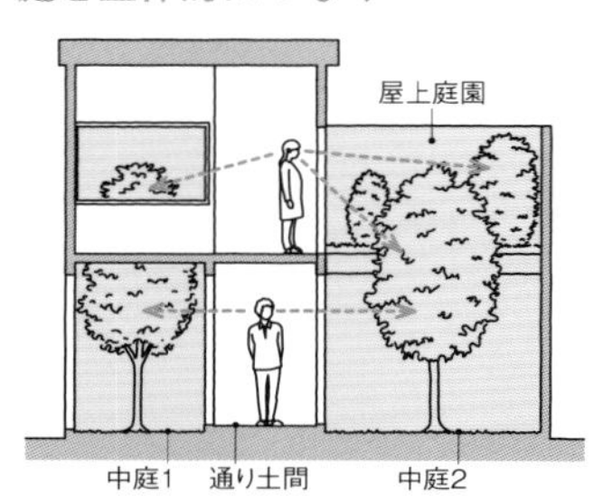

平面だけでなく、立体的にも建物と庭がつながる配置とすれば、一層内と外との距離感が縮まる。ここでは、2階からは屋上庭園(1階屋上)や1階の中庭1・2が見え、2階に居ながら地面に近いような印象を与えている。各庭に、「眺める」「四季を感じる」「茶庭にする」など、それぞれの役割をもたせるとよい

風は通り土間を介して家じゅうを通り、中庭3へと抜けていく

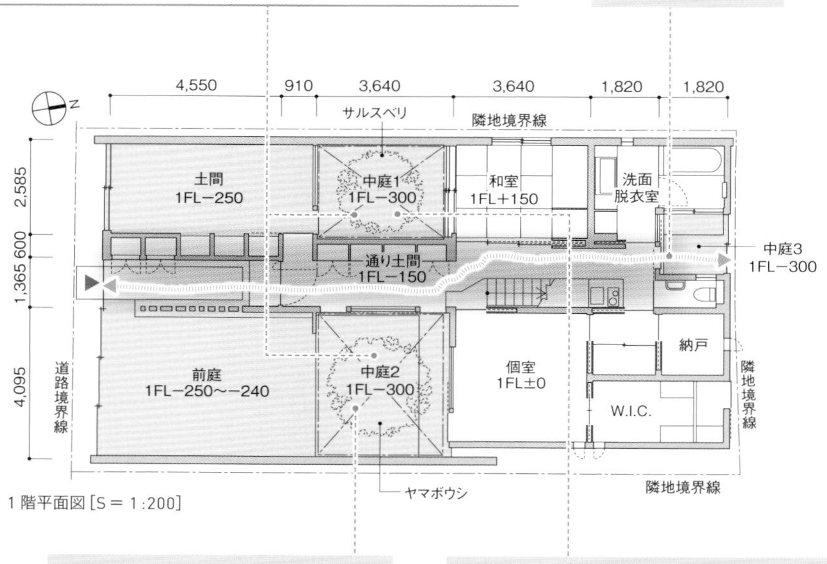

1階平面図[S=1:200]

中庭2にはビオトープを設置。メダカやコイがいるほか、鳥やトンボ、チョウなどの生き物が集う場所になっている。2階や屋上庭園からも見える

和室と土間の間に置かれた中庭1。中庭を囲む三方全面を掃出し窓にすると、各部屋からの視線が気になり、かえって落ち着きにくくなる。ここでは和室のみ掃出し窓にして、適度な囲われ感をもたせた

「路地のある寺内町の家」所在地:大阪府、設計:NEO GEO、写真:絹巻豊

前庭から中庭2の方向を見る。写真手前が1階の中庭2、写真右上が屋上庭園。各階からさまざまな庭の景色を見ることができる

土間

内土間×外土間で季節に合わせた暮らしを

いまや高断熱は住宅設計の前提となりました。とはいえ、安定した温熱環境を手に入れるために外皮で内部と外部を遮断するというのは、緑や庭と密接な住まいとしたいときにはやっかいな課題になります。温熱環境を保ちながら内部と外部をつなぐには、どうすればよいのでしょうか。そんなときは、内土間と外土間を連続させて設けるという方法があります。寒さの厳しい時期は、熱境界の内側の暖かい内土間を主に活用します。窓を閉めていても、視覚的に外土間とつながって外や広がりを感じられます。厳寒期以外は窓を開放して風を通し、外土間と併せて広々と使います。

土間は蓄熱効果が高いので、夏は直射日光が当たらないようにしましょう。外土間に屋根や庇があればよいのですが、逆に冬期には室内奥まで日差しが届くよう開口を工夫する必要があります。高窓や天窓から間接的に光を採り入れたり、南以外の方角に開口部を設けたりします。内土間・外土間は空間を広げる効果が大きいので、小さな部屋や住宅でも、存分に効果を発揮します。

[井上貴詞]

土間ダイニングとテラスをつなげて人が集まる場所に

自然と人が集まる居場所を設けたいときは、床レベルを1段下げた土間がお勧めだ。人は平坦で広すぎる場所よりも、ほどよく囲われた場所を見つけて集まってくるからだ。ここではテラスを設けて内と外をつないだうえで、床を掘り下げたような土間ダイニングを配置した。

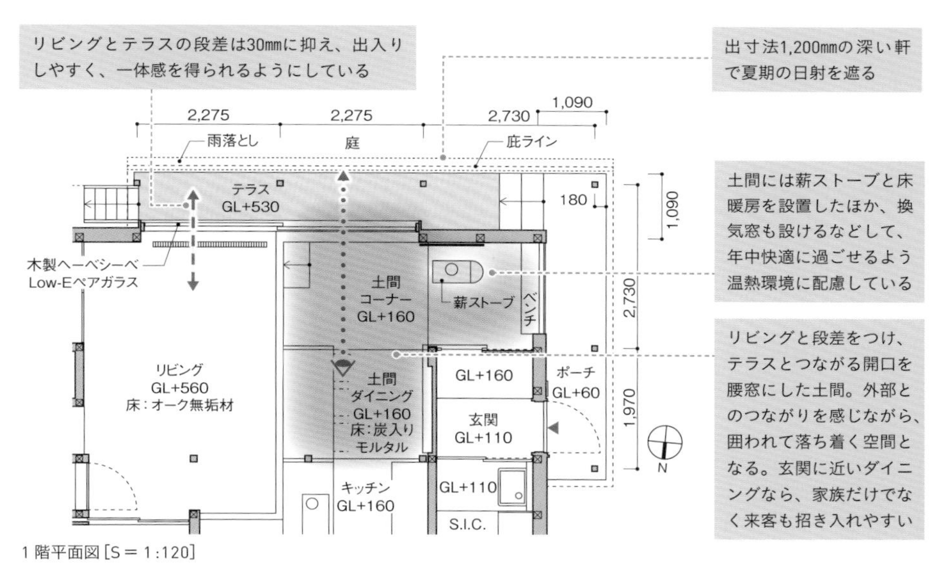

1階平面図［S＝1:120］

北側個室が暗くならないよう、吹抜けの上部に高窓を設け、2階個室の間仕切上部は開放している

「森林公園の家」所在地：埼玉県、設計：HAN環境・建築設計事務所（南澤圭祐）、写真：吉田誠

2つの土間が
2重の緩衝帯になる

予算や敷地の制約で庭をつくれない、前面道路側にしか開けないという場合にも、内土間・外土間の組み合わせは有効だ。これらが2重の緩衝帯となり、道路からの視線を緩和してくれる。

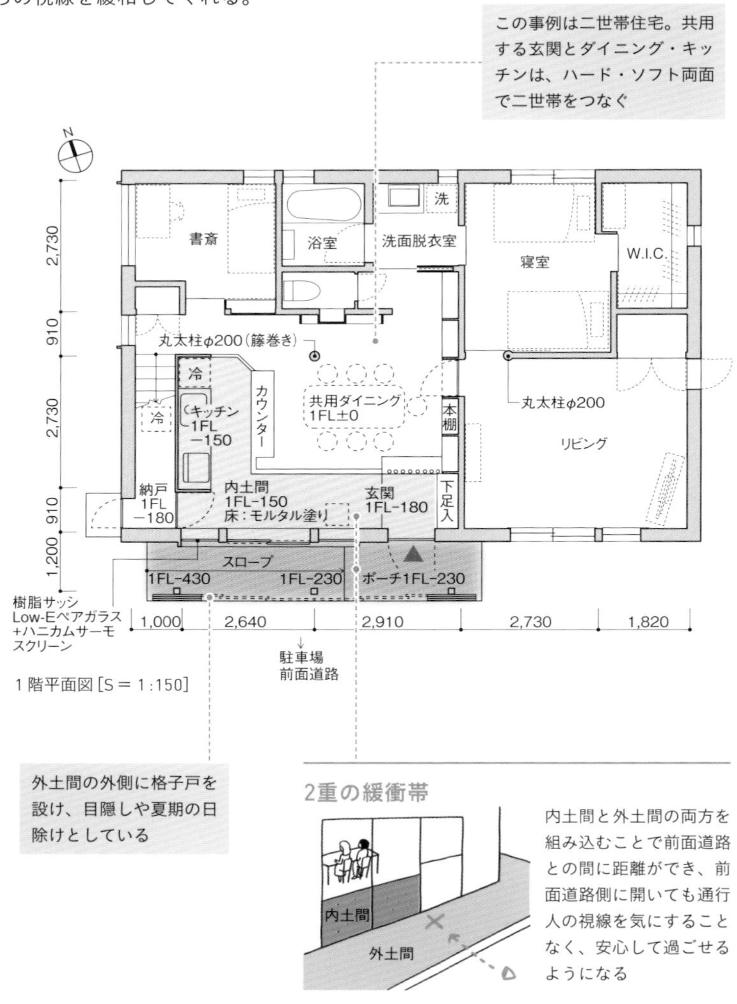

窓は木目調の樹脂サッシを使用。下屋の柱や格子戸、木製枠になじませると木製サッシのように見える

共用ダイニングを囲う内土間はキッチンに直結しているため、動きやすく作業しやすい

低い軒先が風景を切り取る

長くて低い軒先が パノラマを切り取る

本事例は眼下に公園を望む高台の敷地にあることから、水平方向に広がる景色を室内に取り込む計画とした。どの部屋からもパノラマを楽しめるよう、桁行長さいっぱいに外土間を設け、深く低い軒を架けて風景を切り取っている。

公園に対して大きく開いた外土間は、軒先の高さを抑えて覆い、安堵感を得ている

玄関に隣接する小上りの茶の間は、来客が気軽に腰かけられる。玄関土間と外土間はテラスサッシでつないでいるので、靴を履いたまま外土間に出たりお茶をしたりもできる

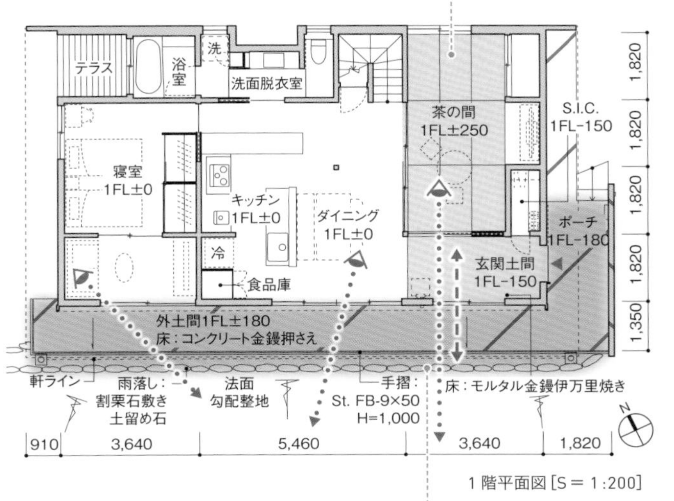

1階平面図［S＝1:200］

低い軒で水平ラインを絞る

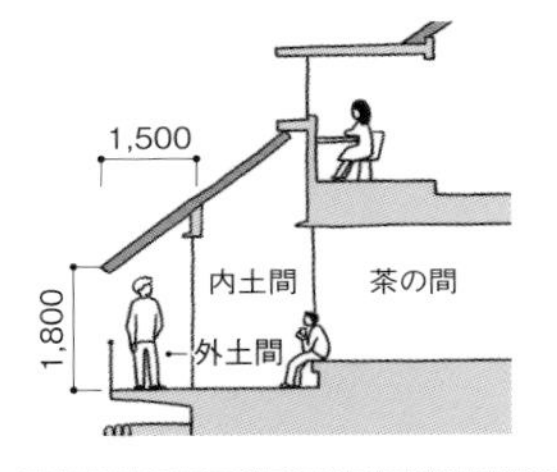

公園へと続く法面と同勾配の大屋根を架け、軒先高さを1.8mまで下げることで、室内からは景色が水平方向に切り取られて見える。長い建物で、周囲の視界が開けている条件であれば、この手法は有効だ

 「伊万里の軒家」所在地：佐賀県、設計：g_FACTORY建築設計事務所、写真：野田尚之

回遊動線が土間を日々活躍させる

内のような外のような、あいまいな空間は住まい手のさまざまな趣味や日々の暮らしに役立つ。この住宅では内土間・外土間に回遊動線を設けて行き来しやすくし、実用の幅を広げた。

内外をつなぐ回遊動線

回遊動線のおかげで内外の区別を特に意識することなく、両方を行き来できる

内土間の床レベルを200mm下げてダイニングの縁に腰かけられるようにし、内土間を居場所の1つにしている

アプローチはスロープにし、玄関の段差は20mm程度に納め、バリアフリー仕様とした

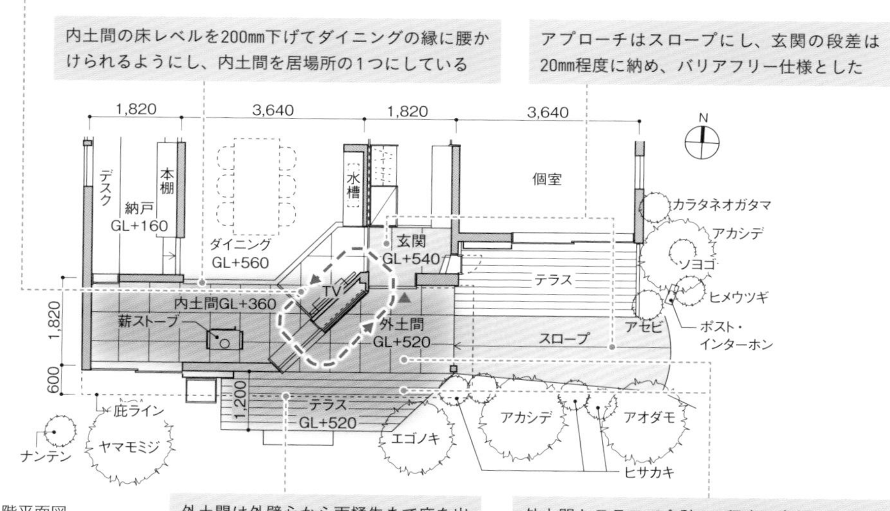

1階平面図
[S＝1:150]

外土間は外壁心から雨樋先まで庇を出して（2,420mm）覆っているので、雨や日差しの影響を受けにくい

外土間とテラスで合計3m程度の奥行きをとり、広さを確保。テーブルを置いてお茶を飲んでゆったりくつろいだり、DIYを楽しんだりできる

内土間の床仕上げは、玄関と連続したタイル張り。薪ストーブの掃除がしやすい

「domadeハウス」所在地：東京都、設計：しまだ設計室、写真：西川公朗

テラスから外土間を見る。深い軒やテント
を活用すれば、雨天時や日差しのきつい夏
期でも使いやすい空間となる

雪のなかにたたずむ住宅

いたるところで
内と外が混じり合う

北海道・帯広の広大な土地に建つ家。敷地の南側は完全に開けており、北西側には防風林が設置されている。このような環境では、温暖地と同じようなテラスや大開口などで半屋外・半屋内空間をつくっても、心地よさどころかむしろ風雪への恐怖感が勝ってしまう。まずは防風林のような、自然の脅威をやわらげる場所をつくる必要がある。それから内と外が交わるところをつくることで、安心感のある空間が成立する。

土間の書斎コーナー。垂直方向に組み合わせた開口によって、半屋外のテラスと半屋内の土間空間がつながり、内と外が入り混じる

防風林を利用した心地よいテラス

防風林と建物の間にテラス2を設けた。ここで朝食・昼食をとったり、アフタヌーンティーを楽しんだり、読書をしたりする。垂壁を斜めにカットすることで、ベンチ側をしっかり囲いながら、防風林のほうへ視線が抜けるようにしている

アプローチから玄関を通り抜けてテラス2へ続くプラン。パブリックゾーンから屋内に入ると、またすぐに屋外へと視線が抜けるという、内外をつなぐ空間演出だ

2階の南向きの開口部は腰窓と高窓に分けている。腰窓には庇を設けて冬でも強い日差しを遮る。高窓は空に向かって視線の抜けをつくり、夜になると北海道の満天の星空が見える

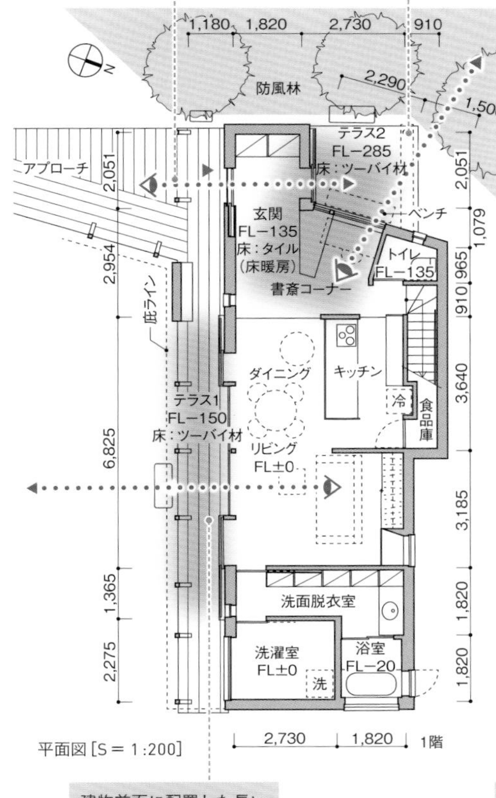

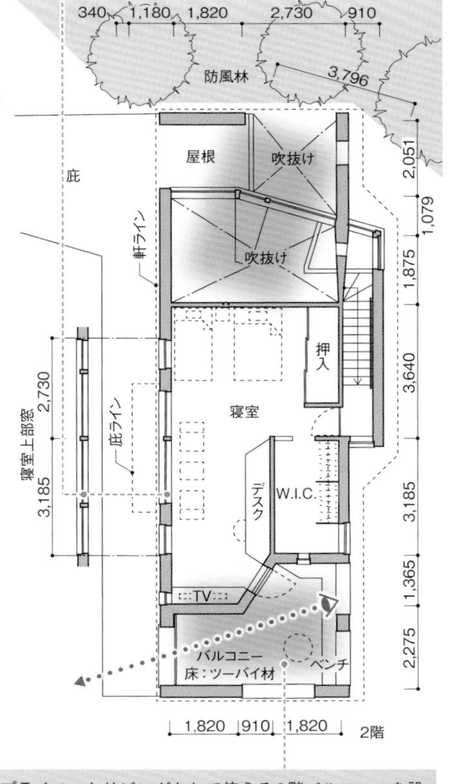

平面図[S＝1:200]

建物前面に配置した長いテラスは、厳しい外部環境との間の緩衝帯となる

プライベートリビングとして使える2階バルコニーを設けた。南側だけは壁を設けずに風景を切り取り、あとは壁と屋根で覆って部屋のような半屋外空間にしている

「丘の家」所在地：北海道、設計：照井康穂建築設計事務所、写真：KEN五島

土縁が小さな家に
広がりをもたらす

雪国の古民家では「土縁」という土足の縁側空間が見られる。冬期は雨戸を閉めて室内化され、風除室の機能を果たし、雪の吹込みを防いだり、物置になったりする(ちなみに「外土縁」もあり、降雨時に傘を収める場や自転車置き場などになる)。狭小住宅ではこの土縁のように、外壁に沿って土間廊下を設けることで、コンパクトで有用なスペースをつくることができる。

土間廊下を通れば、リビングを経由しなくても、外からキッチンへ野菜を洗いに行ったり、汚れた身体を洗いに浴室へ行ったりできる

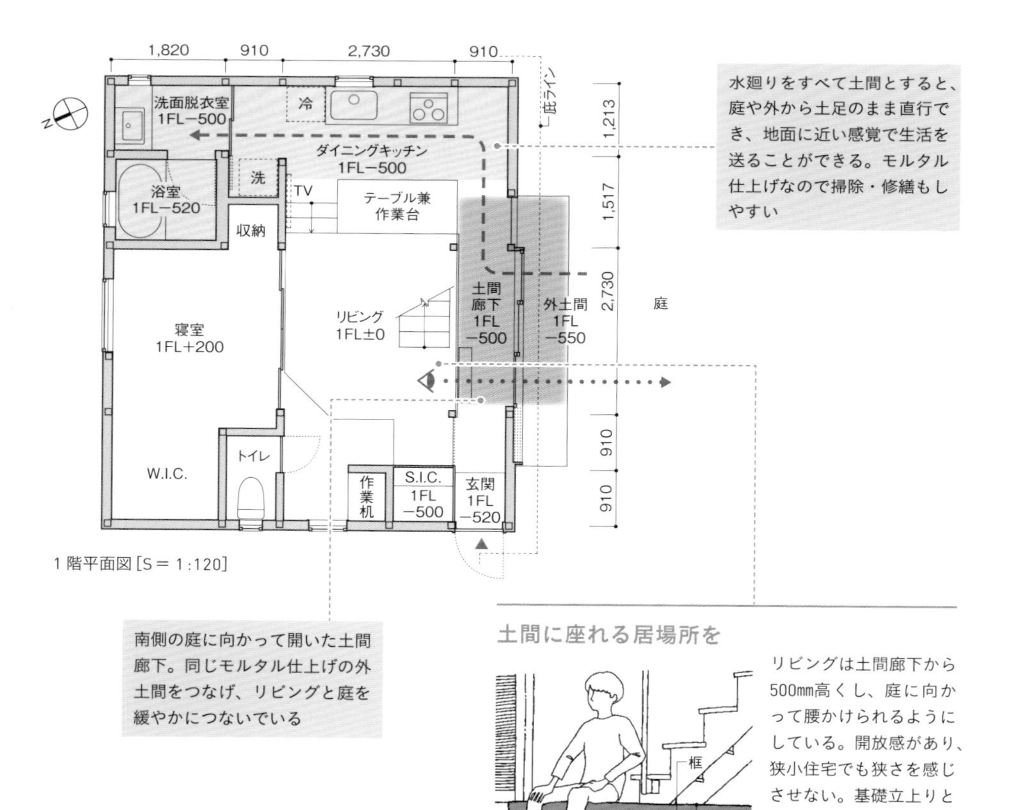

1階平面図[S＝1:120]

水廻りをすべて土間とすると、庭や外から土足のまま直行でき、地面に近い感覚で生活を送ることができる。モルタル仕上げなので掃除・修繕もしやすい

南側の庭に向かって開いた土間廊下。同じモルタル仕上げの外土間をつなげ、リビングと庭を緩やかにつないでいる

土間に座れる居場所を

リビングは土間廊下から500mm高くし、庭に向かって腰かけられるようにしている。開放感があり、狭小住宅でも狭さを感じさせない。基礎立上りと框は面一で納めることですっきりした印象に

「北のちいさないえ」所在地：山形県、設計：井上貴詞建築設計事務所

玄関から南側外壁に沿って続く土間廊下。「土縁」のように使え、庭との行き来がしやすい

玄関からテラスまで
生活に即した土間

趣味の畑仕事と外での食事をもっと気軽に楽しみたいという要望から、LDKと畑のつながりを強めた土間・テラスを設けた。内外を気軽に行き来でき、畑仕事でよく使う道具や薪は外土間に収納できる。室内がいつも整然と片付き、テラスからの田園の眺めに余計なモノが入ってくる心配はない。

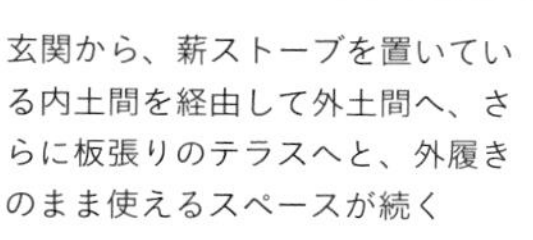

玄関から、薪ストーブを置いている内土間を経由して外土間へ、さらに板張りのテラスへと、外履きのまま使えるスペースが続く

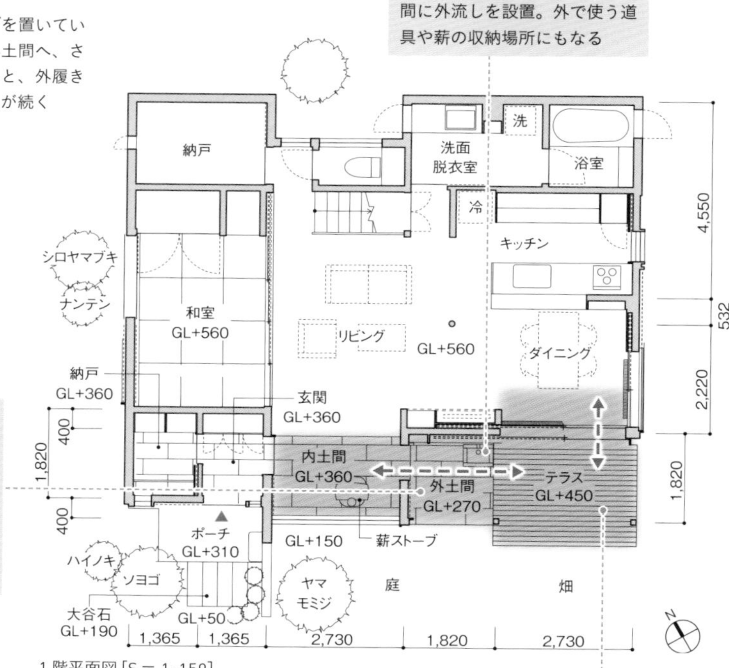

1階平面図［S＝1:150］

室内から見えないように、外土間に外流しを設置。外で使う道具や薪の収納場所にもなる

薪には虫がつくので外の薪棚に置いておきたいもの。もしそれで薪ストーブから遠くなる場合は、近くに仮置きできる外土間があると便利だ

外の食事場所として、ダイニングと続くテラスを設置。出入りしやすいように段差は100㎜程度に抑えている。さらにテラスから200㎜程度下げて外土間を設け、段差に腰かけて作業しやすくしている

「田園の家」所在地：福島県、設計：木々設計室、写真：松原正明

リビングから庭へ
心地よいグラデーション

庭や外部空間と快適につながる秘訣の1つに、内外のグラデーション(段階的変化)がある。グラデーションは明暗や段差でつくるほか、内土間・外土間の組み合わせでつくることもできる。ここではリビングと庭との関係性を強めるため、奥行きの小さな土間を設けた。

敷地の南にある公園や遊歩道と正対することを避け、西側に庭を設けて室内との関係をつくっている

リビングと庭の約500㎜の段差は、間に内土間・外土間を挟むことで少しずつ吸収できる。出入りがしやすく、リビングと庭の関係が強まる

奥行き910㎜の内土間と奥行き1,000㎜の外土間をつなげ、リビングから内土間(半屋内)、外土間(半屋外)、そして庭と、内外のグラデーションをつくっている。このグラデーションが、心地よさにつながる

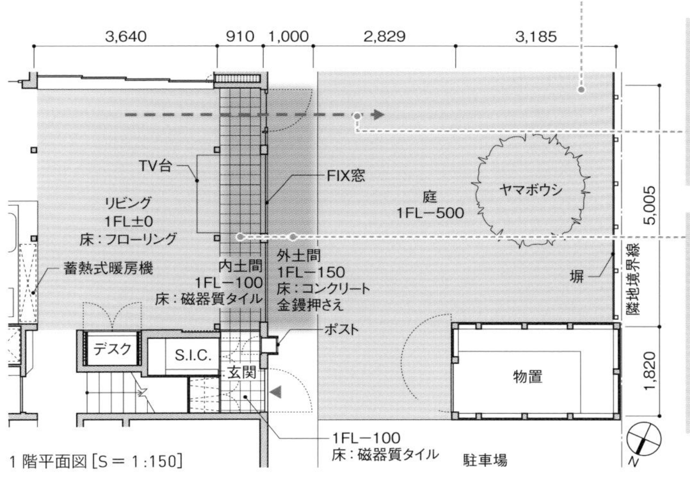

1階平面図［S＝1:150］

土間は外部とつながる役割にとどまらず、自転車置き場や裏玄関としても機能する

「HOUSE-EN」所在地：北海道、設計：エム・アンド・オー、写真：酒井広司

冬期は薪ストーブの放射熱を土間コンクリートが蓄熱するので、足元から温まる。採光は、吹抜け上部の高窓から確保している

北庭の大開口で緑とアウトドアを満喫

北陸の気候はとにかく晴れが少なく、夏はとても暑い。そのため南側に優先して大開口を設ける必要はない。たとえば接道が南側、北側が開けた敷地の場合は北側を開いて内と外をつなぐとよい。

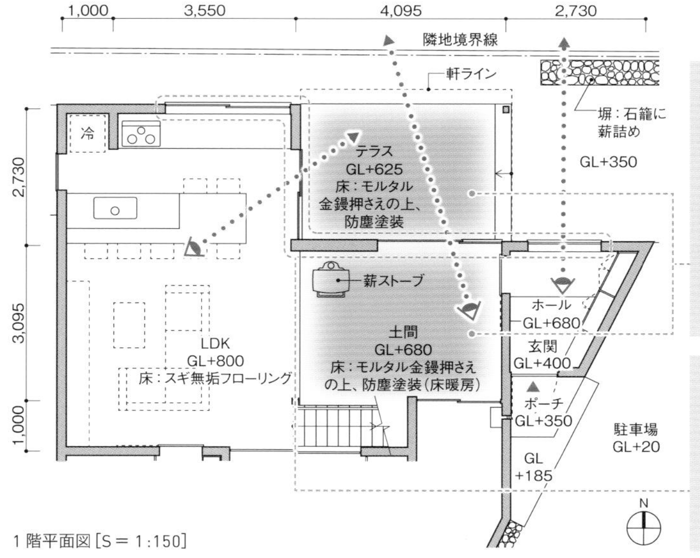

1階平面図［S＝1:150］

アウトドア好きの住まい手のため、それぞれ長さ4×奥行き3m程度の土間とテラスを設けた。雪や雨の多い冬でも、土間を外部的に使って自転車やスキーの整備ができる。完全に屋根で覆ったテラスではバーベキューを楽しんだり、雨の日でも薪割りができたりする

緑豊かな景色が広がっている北側に向けて開き、順光に映える緑の景色を住まいに取り込んでいる。接道する南面は、北陸の気候上、採光もほとんど期待できないのであえて閉じている

「石籠の家」所在地：富山県、設計：濱田修建築研究所、写真：内山昭一

3章 窓辺

窓辺

窓辺を居場所にする

閉じた箱に孔をあけるとき、開口が大きくなるほど開放感は増します。しかし、ただ開口が大きいだけでは落ち着きは得られません。屋外の開放感と屋内の居心地のよさが両立した、人のよりどころとなる快適な空間とするには、開口部を挟んだ内と外に、庇やテラスなどを設け、安心感や落ち着きをもたらす工夫が必須です。それによって、人が長居したくなる空間となります。

窓辺にそうした落ち着ける空間をつくるときは、「間(ま)」をしっかり取ることが大切です。内外の滑らかなつながりを演出するために、庇や土間なら最低でも1間(けん)(約1千818㎜)、中庭なら2間(けん)(約3千636㎜)程度の奥行きを確保します。内外の境界ができるだけあいまいになるよう、屋根・床・壁の位置と素材を開口部の内外で連続させ、その連続部に差し込むように窓を配置します。このとき、FIX窓や全開放のサッシなど開放感の高い建具を用い、袖壁や垂壁などは極力設けずに枠のない納まりにすると、連続感が高まって効果的です。

なお、十分な間(ま)を取りにくい都市部の狭小地では、窓台をベンチ状に設えるのも1つの手です。

[飯塚豊]

座れる窓台で
木漏れ日を浴びる

窓台の高さと奥行きを300㎜程度取ることで、一時的な腰かけや物置スペースとなり、窓辺を有効に使うことができる。

建物は前面道路から3,600㎜程度距離をとり、植栽で視線を緩やかにカットしている

畳敷きの部屋では、床からの高さが300㎜の窓台があれば、座った際に囲まれた安心感を得られる

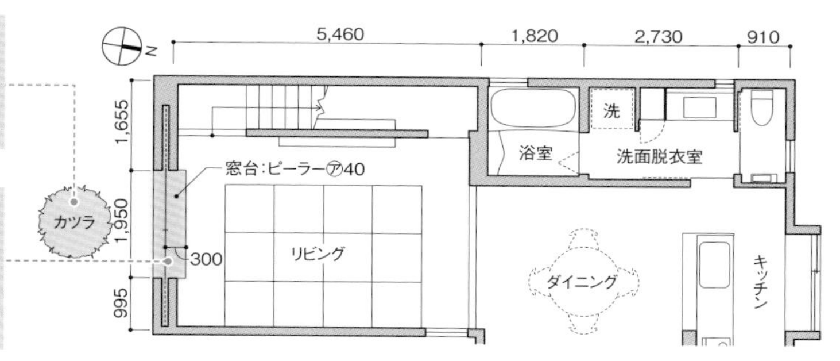

1階平面図［S＝1:150］

リビングから外を見る。開口部には木製の引込み戸、ツインタイプのプリーツスクリーンを設置。生活シーンに合わせて開き具合を調整できる

「西京区のいえ」所在地：京都府、設計：安江怜史建築設計事務所、写真：安江怜史

窓辺と一体化した縁側のようなテラス

庇付きの大きなテラスは、奥行きをたっぷり1間(1,820㎜)とり、大きな縁側のような空間とした。庇の先端にあえて列柱状に柱を立てて縁側の領域を強調しつつ、テラスとダイニングの天井高をそろえることで、内と外の一体感を生み出している。

内と外の高さをそろえる

屋内のベンチとテラスの床および天井高を同じレベルに設定すると、内と外の一体感が増してより開放的になる

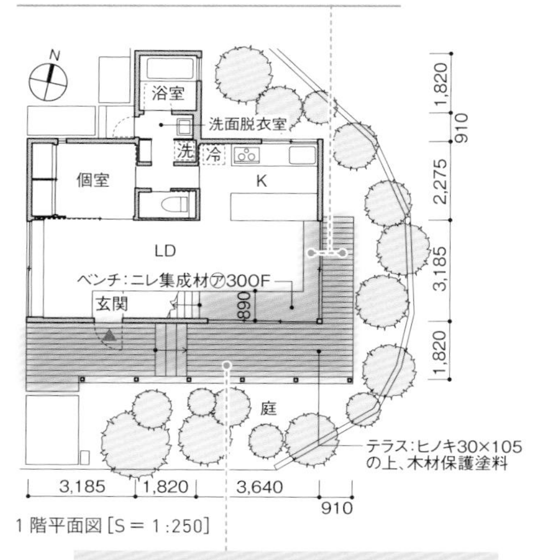

1階平面図［S＝1:250］

テラスの床はダイニングの床レベルより440㎜高く、ベンチと同じレベルでつながる。ベンチは道路から1mほど高い位置になるので、屋内のプライバシーが適度に保たれ、安心感がある。ベンチの下は収納に利用している

テラスとリビングは掃出し窓を介してつながる。テラスとベンチが同じ床高さなので行き来しやすく、晴天時はもちろん、雨天時も室内の延長のように使える

「多摩N邸」所在地：東京都、設計：アイプラスアイ設計事務所、写真：黒住直臣

階段踊り場の窓辺を
緑の近くの図書室に

狭小地に建てる住宅では、庭を設けられないことも多い。ここでは、階段踊り場に大きな開口とベンチを設けた。開口に面した位置に小さな植栽スペースを確保し、リラックスしながら緑を眺められる空間となった。

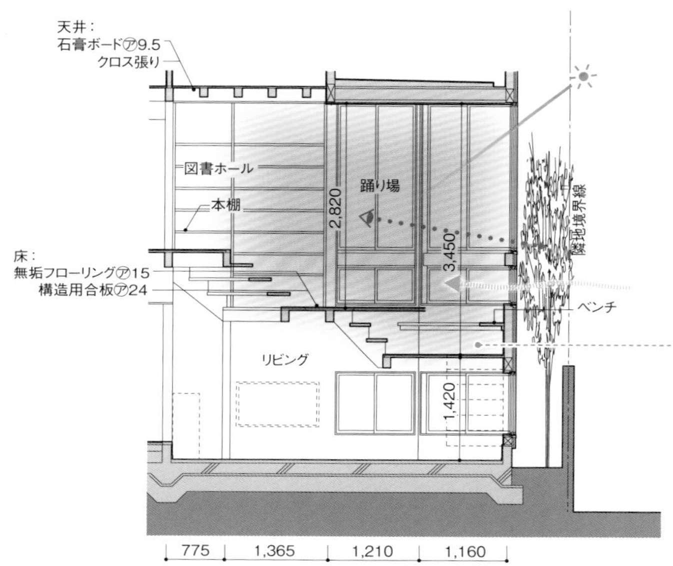

断面図［S＝1：100］

緑に近い階段室

1階と2階を行き来するたびに、窓の外の小さな自然が目に入る。広い階段のどこにでも腰かけることができ、思い思いの過ごし方が可能だ

踊り場にはベンチを設け、2階上り口には本棚を設置。階段室の居心地のよさを高めている

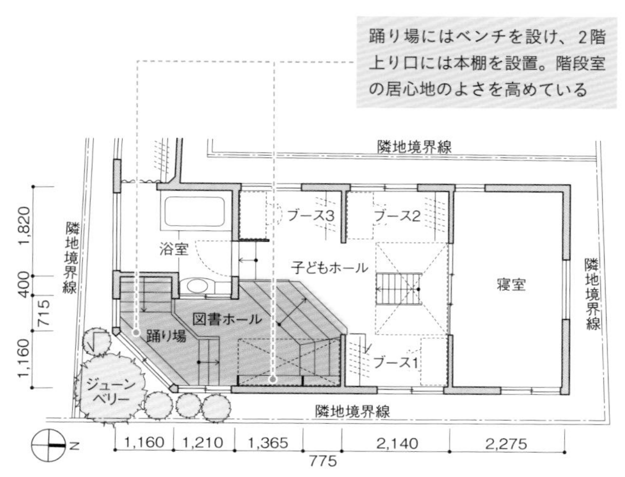

2階平面図［S＝1：150］

「羽根木の家」所在地：東京都、設計：佐藤・布施建築事務所、写真：石曽根昭仁

図書ホール
えて削り、

窓辺

窓のフレームで景観を切り取る

日本では古来より、柱間の開口を「間戸（まど）」と呼び、そこに雨戸や障子、簾戸（すど）などを建て込むことによって住まいの外郭をかたちづくっていました。この「間戸」は、単に内と外を仕切っていただけではなく、そこから光が差し込んだり、風が入ってきたり、開放して庭の緑を見せたりすることで、日本の住まいに豊かな表情をもたらしていました。現代では、外壁の断熱性能やサッシの気密性能の向上、空調設備などの進化で、住まいは大変快適になりました。その一方で、内と外があいまいになることで生まれる心地よさが失われている面もあります。季節とともに移ろう美しい風景を楽しむためには、現代の「間戸」をつくり、内と外が混じり合う領域を生み出すことが求められているのではないでしょうか。

もちろん、温熱環境的にも快適でなければなりません。大開口を設けるなら、夏期の日射を遮る樹木を庭に植える、換気窓を設けるなどの対策も、必ずセットで計画しましょう。住まいの温熱的な快適性をしっかり担保しながら、多彩な表情を見せる窓辺をつくりたいものです。［高野保光］

2層分の大開口で 風景が家の奥まで届く

上階の天井まで届く上下2層のFIX窓で外の風景を取り込んだ。直線上にダイニングや寝室を配置し、各部屋の間仕切をなくしたことで、緑の爽やかさが部屋の奥まで届くプランとなった。

料理や食事の時間を大切にしている住まい手のライフスタイルに合わせ、ダイニング・キッチンを窓前の最も心地よい場所に配置した

寒冷地のため温熱環境に配慮し、FIX窓はLow-E断熱トリプルガラス(アルゴンガス入り)を採用

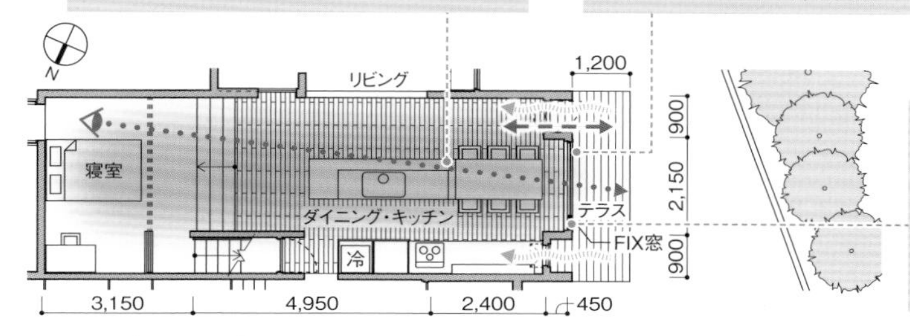

フレームをすっきりさせて景観を際立たせるため、FIX窓を採用。出入りや換気のための開口はその隣に設け、壁と一体化させた

1階平面図[S＝1:200]

寝室からFIX窓方向を見る。間仕切壁がないので、ダイニング・キッチンを介して大開口に向かって視線が抜ける

「Kitchen house」所在地：北海道、設計：エム・アンド・オー、写真：酒井広司

テラスのフレームで望遠鏡のように遠景を切り取る

遠くの景色を室内に取り込みたいなら、テラスにフレームをつくり奥行きを出すとよい。ここでは前面道路を渡った先にある桜並木を効果的に見せるため、天井と袖壁に囲われたテラスを設けた。余計なモノが見えないよう風景を絞り込むことで、眺望の美しさをより高めることができる。

効果的なテラスの奥行き

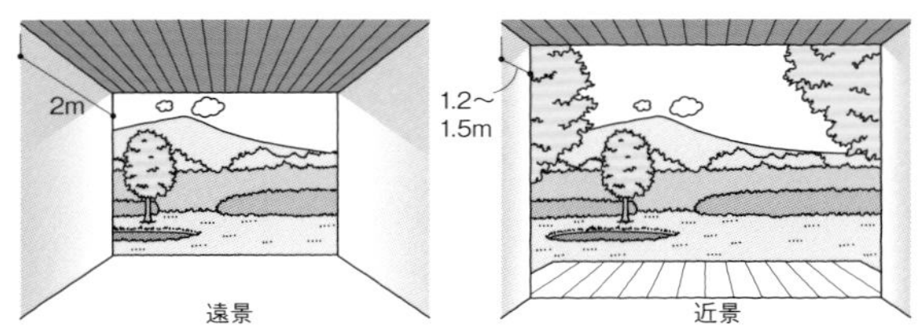

テラスの奥行きは、見せたい景色が遠景か近景かによって調整する。遠くの景色を見せたい場合は天井の出寸法を2mほどに、近くの景色を見せたい場合は1.2～1.5mほどにするとよい。併せて袖壁も設けると、フレームに納めたように景色を強調できる

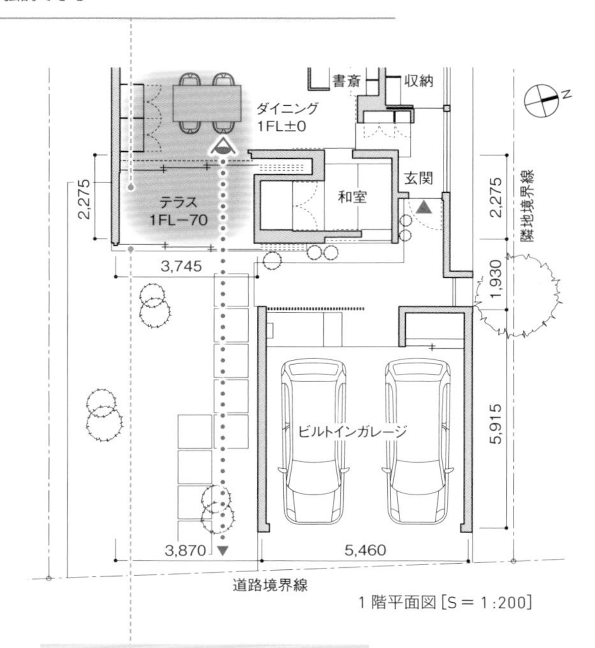

1階平面図［S＝1:200］

前面道路からの視線を遮りたいときは、テラスにある格子戸を閉める。格子のピッチは45㎜と細かいが、竪桟の幅が30㎜と細いため圧迫感なく視線を遮れる

「大泉中町の家」所在地：富山県、設計：深山知子一級建築士事務所・アトリエレトノ、写真：谷川ヒロシ

テラスとの連続性が感じられるよう、ダイニングとテラスの床は同じ仕上げ（モルタル金鏝仕上げの上、防塵塗装仕上げ）としている。遠景を切り取るテラスの開口の上には、空に向けた大開口が連なる

夏期は茂った葉が目の前に広がり、冬期には落葉した木々の隙間から遠景の稜線を望むことができる。四季ごとの眺めの変化を設計に盛り込みたい

自然林のなかに飛び込む大開口のリビング

緑や自然に近い住まいとするなら、敷地特性を生かした立体的なプランニングで、心地よい空間を生み出したい。ここでは、傾斜地を利用して建物のボリュームからリビングをせり出させた。自然林のなかに放り込んだような大開口のリビングでは、窓一面に四季折々の景色が広がる。

玄関からダイニング方向を見る。長い直線廊下の先に、外の風景が見える。廊下には窓を設けず、あえて暗くして明暗のコントラストを強めた。ここから、明るく開放的なリビング・ダイニングへ導くという演出だ

ダイニングは2坪弱のコンパクトな空間。バルコニーとつながっており、外方向への広がりを感じられる

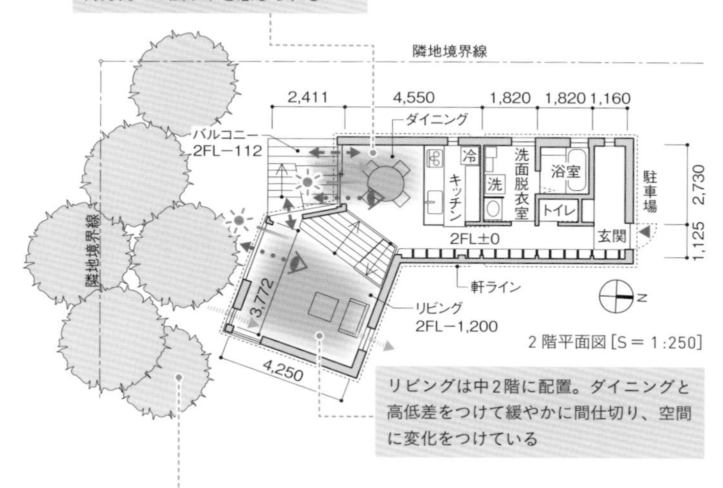

リビングは中2階に配置。ダイニングと高低差をつけて緩やかに間仕切り、空間に変化をつけている

落葉樹の効果で冬を快適に

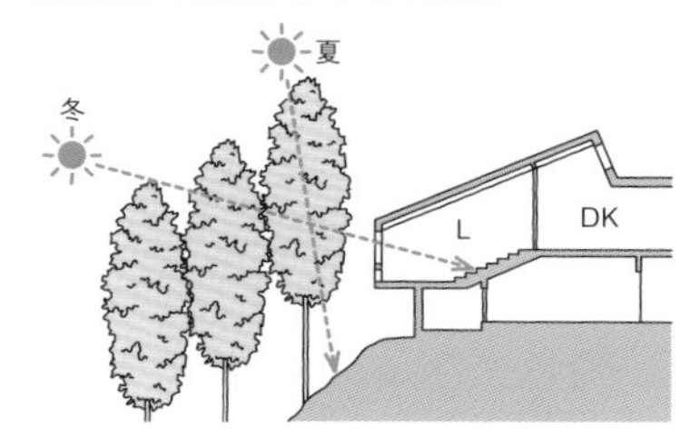

冬期は木々が落葉し、南面する大開口から日射しがリビングの奥まで届く。コンクリート床の蓄熱効果もあり、床暖房のみでも快適だ。寒冷地では大開口が敬遠されがちだが、パッシブな日射熱取得とアクティブな放射暖房を効果的に組み合わせれば、開放感と快適さを両立できる

 「木々と共にくらす家」所在地：北海道、設計：照井康穂建築設計事務所、写真：古瀬桂

「向こう側」を想像させる連続窓

外の風景を取り込むには大開口が効果的だが、窓を大きくすると冬期の温熱環境が悪化してしまう。特に寒冷地ではそれが顕著だ。そこで、壁一面をガラスにするのではなく、天井いっぱいの縦長窓を等間隔で壁面に配置した。人間の視覚特性をうまく利用し、窓面積を抑えながら大開口と同様の景色を感じさせることができる。

サッシ下枠は床面とフラットに納め、ロールスクリーンも天井内に埋め込んで収納。余分な線が消え、景色をきれいに切り取っている

庭に向かって開く寝室にはサンルームを設け、温熱環境の緩衝帯に。寝室・サンルームとも床仕上げをテラスと統一したチーク材とし、冬期にサッシを閉じていても一体的に感じられる

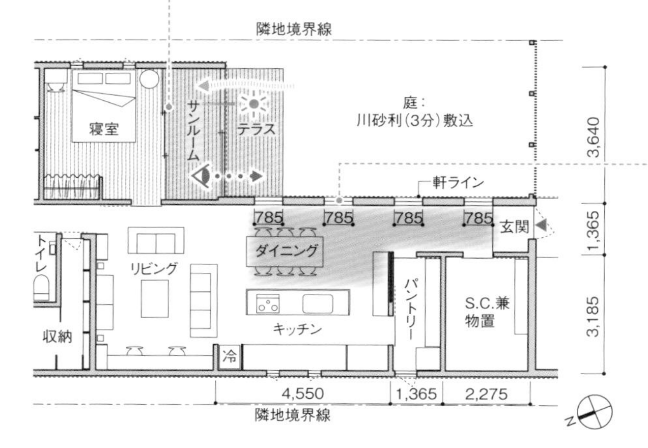

平面図 [S＝1:200]

床から天井いっぱい(高さ3,080×幅785㎜)のFIX窓。窓による熱損失を極力減らすため、窓と壁を910㎜間隔で交互に連続させた。全面開口とする場合に比べ、熱損失量は約半分となる。人間には隠蔽部分を周辺の情報により補完する能力があるので、壁があっても全面ガラスと同様に外の風景を認識できる

「山形の家」所在地：山形県、設計：蟻塚学建築設計事務所、写真：西川公朗

川の風が流れ込む
軒下のような窓辺

窓辺を落ち着ける場所とするなら、天井仕上げを工夫するのも1つの方法だ。ここでは、2階リビングの窓廻りを勾配天井にし、軒下を想起させる仕上げに。外のような設えが、切り取った景観を引き立ててくれる。

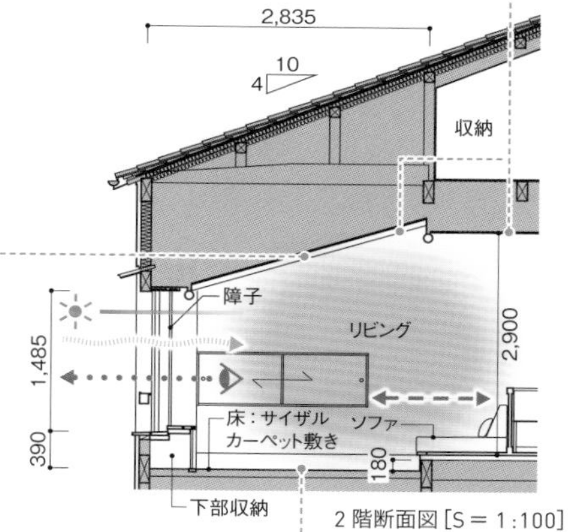

2階断面図［S＝1:100］

窓から川沿いのしだれ柳を見下ろす。リビングは京都の夏の風物詩、川床（かわどこ）さながらの趣ある空間に

「川」所在地：京都府、設計：横内敏人建築設計事務所、写真：横内敏人

浴室にも
緑と光をもたらす
小さな窓

浴室やトイレを心地よい空間としたいなら、外からの視線が届かない高窓を設け、外の緑を取り入れるとよい。ここでは、小さな窓で正面のケヤキ並木の一部分を切り取り、窓の先に森が続くような広がりを感じられる空間とした。

洗面脱衣室はタオルや洗剤など、モノがあふれやすい場所。散らかって風景が台無しにならないよう、気を配りたい。ここでは洗面脱衣室に続く廊下にも収納を設け、すっきりとした空間を保てるようにしている

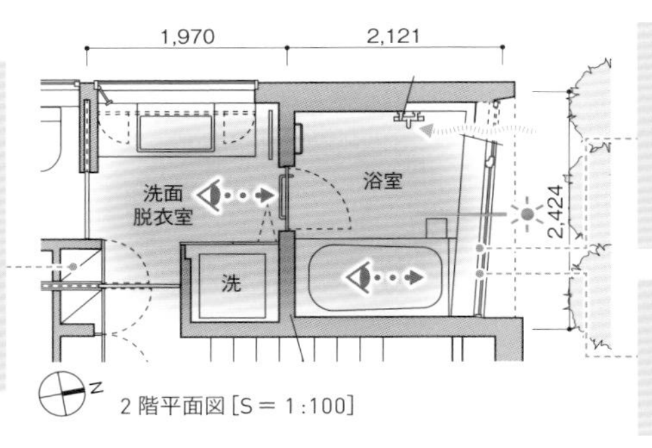

2階平面図[S＝1:100]

高窓は天井高いっぱいまでの開口とした。浴室の壁は縦225×横455㎜のタイル張り。重量感のある石調タイルとの対比で、景色の抜けがより強まる

高窓の開口幅は2,200㎜。開口高さを450㎜と抑えているが、横幅を最大限確保し、広がりを得ている

浴室の戸をガラス扉とし、洗面脱衣室まで緑を取り込んでいる

「宇都宮の家」所在地：栃木県、設計：遊空間設計室、写真：岡村享則

垂壁により開口高さを下げる一方、天井の最高高さは4,400mmと高い。室内が開放的に感じられる

庭の風景を切り取る「ちょうどいい」窓の高さ

自然の風景を取り込んだリビングは心地よいが、美しい景観を望める敷地は住宅街ではまれだ。そこで室内から見える景色を絞り、その部分の庭をつくり込みたい。窓を大きくしても、開口高さを抑えれば視野が広がりすぎず、余計な景色が目に入らない。欲しい風景だけを選択的に取り入れることが可能だ。

隣地側の窓は高さ1,300mm。外からの視線をかわしながら、植栽の緑を楽しめるようにしている

ダイニングの窓は、開口幅4,700mmに対して開口高さは1,800mm。開放感を得ながらも、庭を見下ろすようにして落ち着きのある空間に

離れに鍼灸院を併設している。待合室には開口高さ1,200mmの地窓を配し、プライバシーを守りつつ、庭を眺められるようにした。地窓からの景観を演出する植栽は、苔や庭石、下枝の多い株立、下草などを重層的に配するとよい

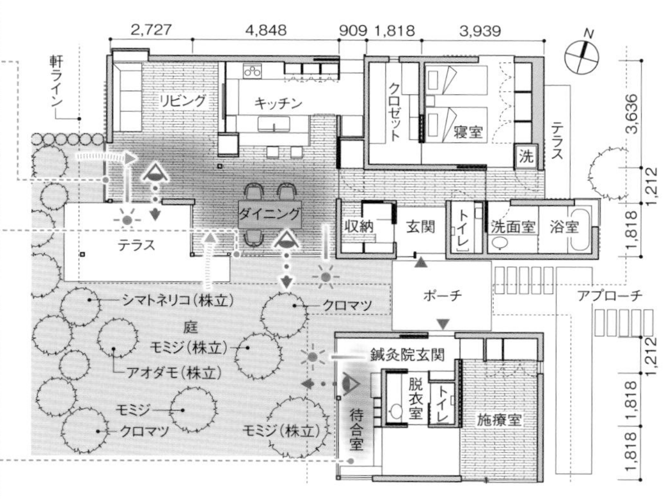

平面図[S＝1:250]

「法隆寺の住宅」所在地：奈良県、設計：上町研究所、写真：平野和司

窓辺

天窓と吹抜けで自然光を味方に

窓や吹抜けなどを利用して高さ方向へ開くと、木漏れ日のような自然な光が屋内に入ります。これにより快適で居心地のよい空間ができ、内部空間が視覚的に外のような印象になります。

こうした空間を計画する場合は、外部環境を考慮したうえで、開口を可能な限り大きくする、そこから入る光の入射角度に合わせて室内の設えを調整するなどの工夫を施すと、より開放感が得られます。

住宅密集地などでは隣家との距離が近く、水平方向に開口を設けにくいので、高さ方向の利用は有効な手段となります。特に太陽光は「外」を感じられる大きな要素なので、天窓や吹抜けを活用し、光を最大限採り込めるようにしましょう。

また、天窓から採り込んだ光の差し込む角度や位置と、室内の構成の関係性には注意しましょう。特に天窓の高さは重要です。高さを確保すれば、太陽光が室内に拡散し、より大きく広がります。そこに水平方向の開口部を組み合わせれば、より立体的な開放感が得られます。［渡辺ガク］

2層吹抜けの明るいサンルーム

周辺に高い建物があり採光が十分に得られない場合は、吹抜けと大開口の組み合わせが有効だ。ここでは、東西に伸びる細長い敷地に一部2階建ての平屋を計画。南側からの採光を諸室に取り込みつつ、部分的に2層吹抜けとしたサンルームをリビング南側に設け、光がたっぷり入る開放的な空間を実現した。

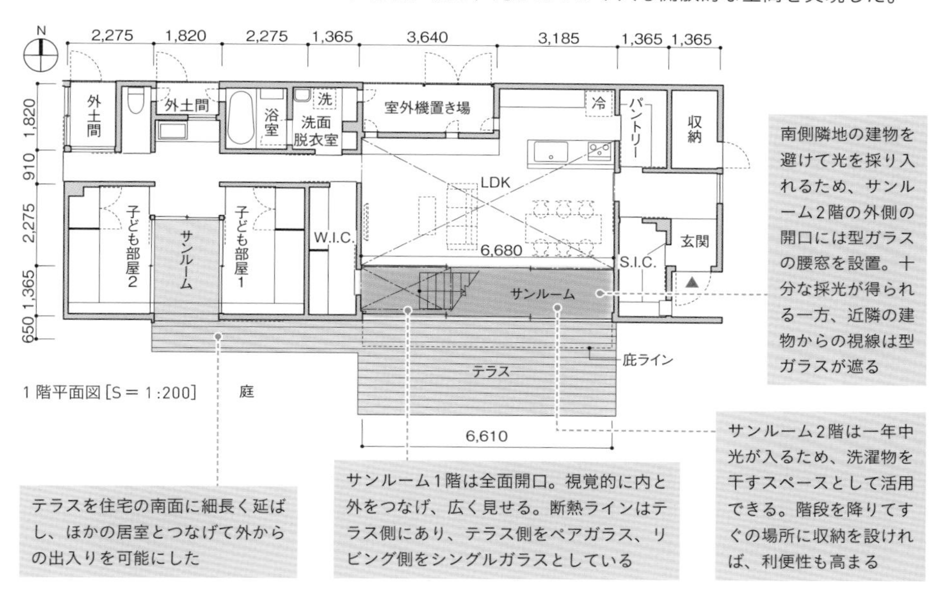

1階平面図[S＝1:200]

キッチンからサンルームを見る。隣家からの視線をかわしつつ、光あふれる空間になった

「斜光の家」所在地：青森県、設計：蟻塚学建築設計事務所、写真：西川公朗

2階子ども室から天窓方向を見る。写真中央が換気用の天窓。吹抜け廻りに設けられたデスクスペースでは天窓の光を直接浴びることができ、まるで公園のような雰囲気を醸し出す

約7㎡の大きな天窓から光が降りそそぐ

計画地は旗竿敷地で、壁面の開口からは十分な採光が期待できなかった。そこで2つの大きな天窓を設け、採光と通風を確保。天窓直下の吹抜けを介して1階まで光と風が届くようにし、立体的で開放感のある空間とした。

1階ダイニング。天窓直下の吹抜けから1階の居室まで光が降りそそぐ

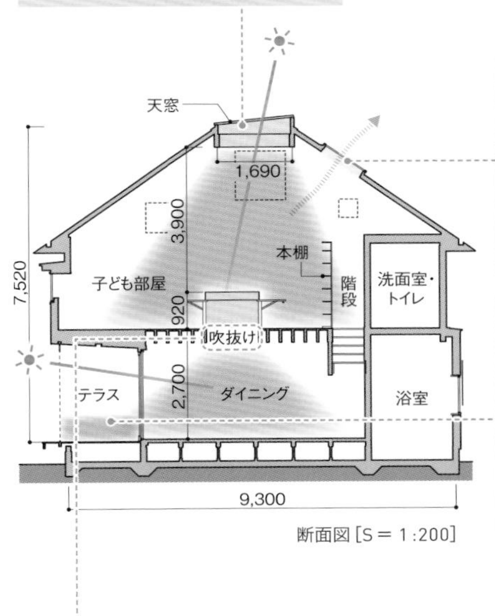

断面図［S＝1:200］

吹抜けを介して1階まで光が届く

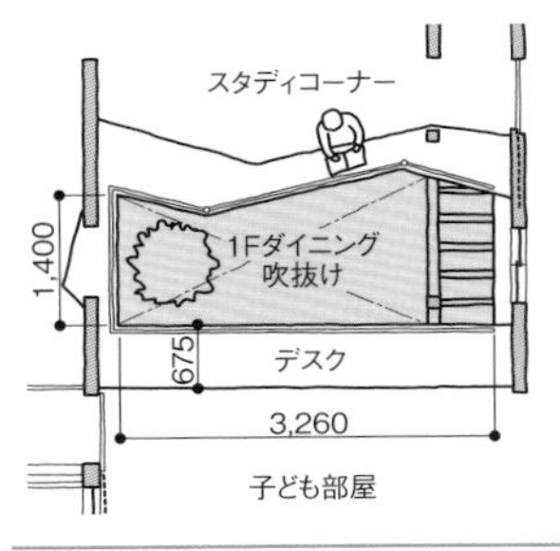

2階中央に吹抜けを設け、天窓からの光を1階まで届ける。吹抜けの形状は、1階により光を届かせるために角度や寸法に工夫を凝らした結果、印象的な意匠となった。吹抜け廻りにはデスクを設けてスタディコーナーを配置し、明るいスペースを最大限生かしている

 「Umbrella」所在地：東京都、設計：g_FACTORY建築設計事務所、写真：上田宏

窓辺

心地よさを生むサンルーム

寒冷地で最も難しい課題は、良好な温熱環境の確保と、開放的な空間づくりをいかに両立させるかという点です。その解決策として筆者が行き着いたのが、ペアガラスを入れた木製サッシと、シングルガラスを入れた木製建具の組み合わせによる、ガラス張りのサンルームを設けることでした。中間期には建具を開け放して室内と一体的に使い、夏期は庇となって日射を防ぎます。また、冬期には締め切って内と外の緩衝帯とします。快適な温熱環境を保ちながら、四季を通じて外とつながることが可能となります。なおサンルームには、意匠性と機能性を兼ね備えた木製サッシを採用しました。

昨今は従来と比べ、トリプルガラスのサッシが安価に流通しています。これを用いることも、寒冷地で大開口を設ける方法の1つです。しかし、サッシ枠が分厚く重くなってしまうこと、温熱的な緩衝帯がなくなることで、夏に室内が暑くなりすぎるおそれがあることなど、注意を要する点もあります。意匠性と快適性を両立した心地よい空間を、サンルームにより実現してみてはいかがでしょうか。

［蟻塚学］

サンルーム外側の木製建具のさらに外に、防虫網を内蔵した横格子建具を設置。夏期の日射遮蔽に加え、冬期の雪の照り返し対策にも効果を発揮する

一年を通じて快適な空間を

大開口が敬遠されがちな寒冷地でも、サンルームを設ければ快適な温熱環境を維持したまま開放感や採光を得ることが可能だ。ここでは、建物の桁行いっぱいに奥行き1mの南向きサンルームを設けた。意匠性を重視し、外側は木製建具にシングルガラスを、内側は木製サッシにペアガラスを使用している。

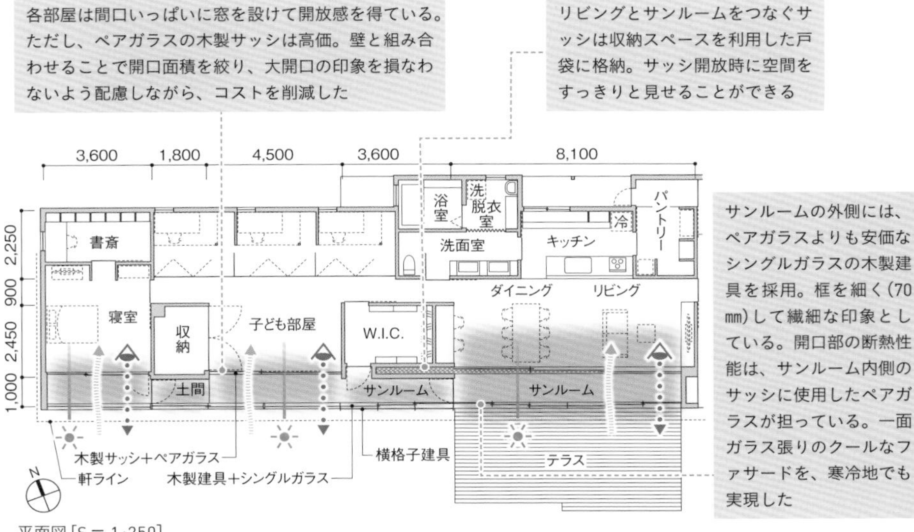

平面図[S＝1:250]

 「冬日の家」所在地：青森県、設計：蟻塚学建築設計事務所、写真：西川公朗

住まいの外に
もう一層

ここではサンルームを、居室の延長上にある半屋内空間としてだけでなく、部屋どうしをつなぐ動線として取り入れた。日常的に使用するため、サンルーム自体の温熱環境を重視し、外側には木製サッシにペアガラスを、内側には木製建具にシングルガラスを使用している。さらに、盛土により外壁の露出面積を減らすことで、年間を通じて室温を安定させることに成功している。

土で覆って暖かく

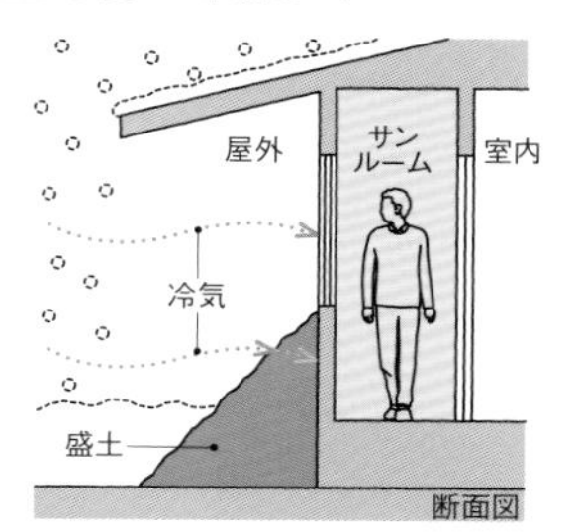

建物の一部をFL＋1,000㎜まで法面状に盛土して埋めている。温度変化が小さい土で覆うことで、サンルームや居室内の温度変化が緩やかになる

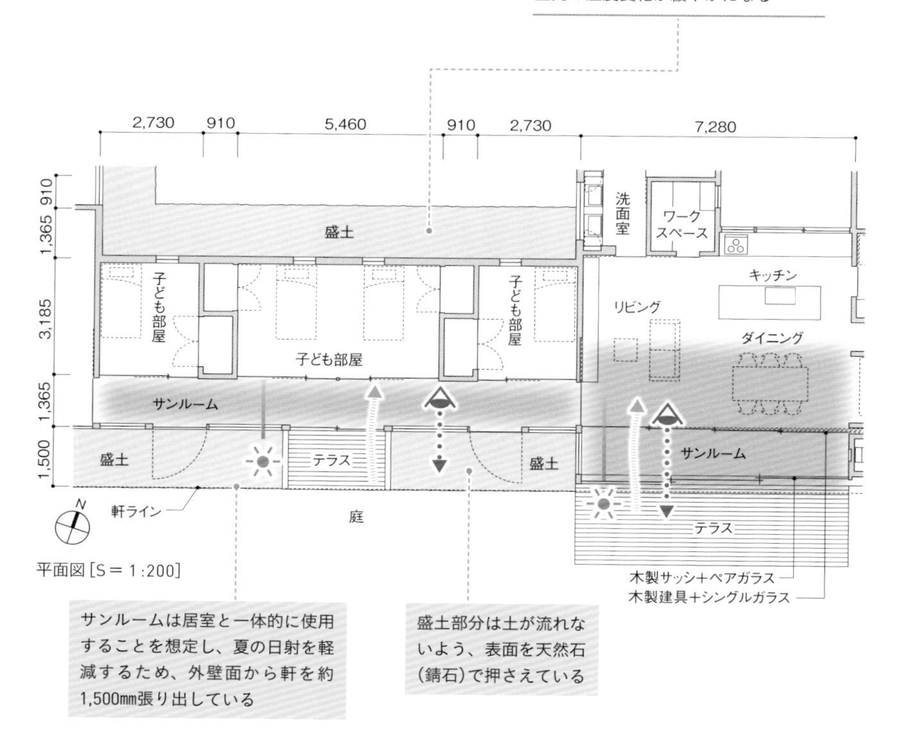

サンルームは居室と一体的に使用することを想定し、夏の日射を軽減するため、外壁面から軒を約1,500㎜張り出している

盛土部分は土が流れないよう、表面を天然石（鋳石）で押さえている

「地平の家」所在地：秋田県、設計：蟻塚学建築設計事務所、写真：西川公朗

外側のサッシはペアガラスのため、木製サッシの框が太くなってしまう。外壁の面に合わせてサッシ枠をしゃくることで、繊細な印象になるよう見え方を調整している

リビングからサンルーム方向を見る。冬期でも温かく過ごせ、春～秋はテラスから庭に続く半屋内空間として活用できる心地よい空間だ

窓辺

陰影が空間を彩る

広く平坦な公園に大木の木陰があるとします。木陰と日なたは、別の空間領域として感じるのではないでしょうか。人間のこうした空間認識は屋内・屋外の領域の形成に利用でき、軒・庇でできる影がその一例です。屋内に居る人は、軒の影が落ちている屋外も屋内の領域だと認識します。断熱サッシやペアガラスなどを使用して熱境界を明確にした場合にも、影を利用して屋内外の境界をあいまいにできるということです。

影がつくる空間領域は、時間、季節、および天候の変化に応じ、境界の位置もそのありさまも刻々と変化します。それは、屋内環境に自然の移ろいという彩りを添えてくれます。建物を南向きに開いて軒・庇を設けると、冬は低い日差しが屋内深くまで入り込み、屋外の要素が屋内に入り込んできます。季節ごとに影の位置が大きく変わるので、季節の変化を感じやすくなります。北向きなら、影は時刻の経過に従って、徐々に屋内から屋外へ広がっていきます。やがて日没後、今度は屋外の闇が屋内に入り込んできます。そして暗くなった屋内にポッと明かりを灯すと、闇のなかにまた新しい空間領域が創出されるのです。［照井康穂］

北庭に延びる影がリビングとつながる

人は明暗の境界で空間領域を認識する。このことを踏まえ、広い北庭に向けて軒の影を落とし、暗めのリビングと庭の影が一体化するようにした。

庭のつくり込みを重視し、日本庭園の基本でもある順光に輝く北庭とした。南庭では逆光となり、へたをすると葉裏ばかり目立つ庭になってしまう

リビングと庭をつなぐ大開口は3連引込み戸。網戸がないと、開け放して使われることはほぼ皆無なので、網戸もきちんと設置している。また、木製サッシは召し合わせを大きくとって気密性を高め、隙間風が入らないように配慮している

北庭に向けて1,365mmの軒を出し、庭にたっぷりと影が落ちるようにしている。暗めのリビングと庭の影が一体となって屋内外の境界があいまいとなり、そのうえ影の向こうには順光の庭が引き立って見える

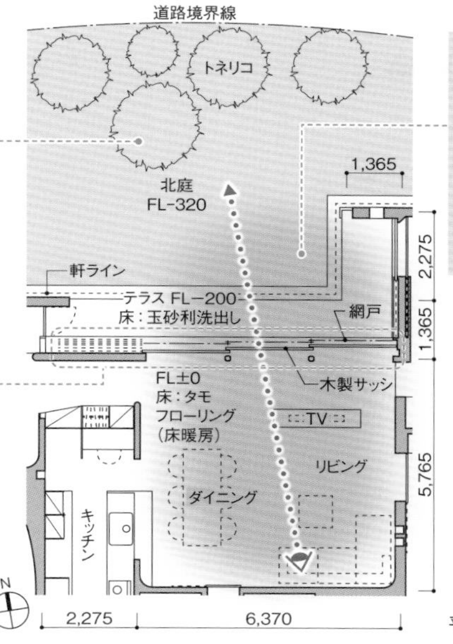

平面図［S＝1:200］

軒先の光（屋外）と軒の影（屋内）の2つの領域に分かれる

「海南の家」所在地：和歌山県、設計：照井康穂建築設計事務所、写真：井上登

空を想像させる 小さな吹抜け

南向きのLDKは、夏期のきつい日射を遮るため、軒を1,100mmと深めに出している。併せて、暗めのLDKには小さな吹抜けから自然光が入るようにし、最低限の採光も確保。吹抜けの先の高窓はあえて見えにくい位置に配しているので、あたかも吹抜けの先に空があるように感じられる。

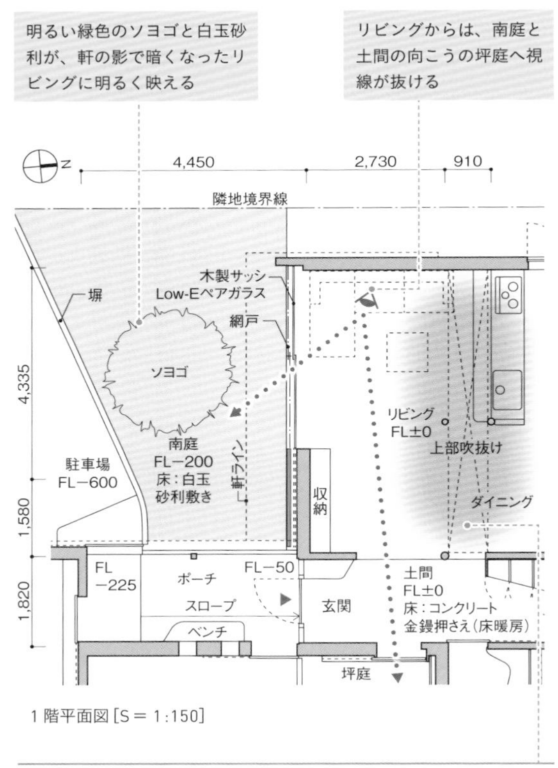

1階平面図［S＝1:150］

高窓は隠して日の光を反射させる

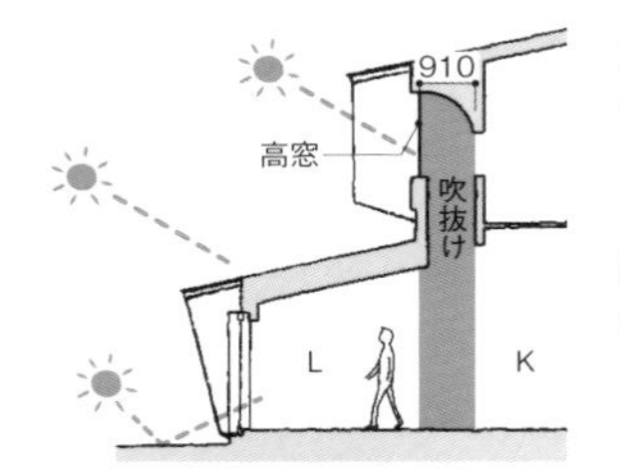

吹抜けを幅910mmに抑えて高窓を見えにくくすることで、吹抜けの先の空を想像しやすくなる。また、日の光は曲面天井や左官壁に反射させることで柔らかい雰囲気となる

明るい南庭（写真左）から小さな吹抜け、暗いダイニング（写真右）へと、明るさのグラデーションをつくっている。屋外の明るさと屋内の暗さのコントラストが強すぎると、内と外が隔絶されてしまう

ダイニングから南庭を見る。室内仕上げの色を暗くするのではなく、縁材をなくして入隅を納めることで、きれいな陰影ができる。天井の照明も、できるだけ減らすとその効果が増す

垂壁の陰影が植栽を際立たせる

開口部を低く抑えて垂壁を設ければ、垂壁部に陰ができ、日の光や植栽の緑が際立つ。特に外壁の外に外周壁を設けた場合は、プライベートな外部空間との一体感が高まる。

北庭は室内のすぐ近くに植栽を配し、緑を楽しめるようにしている

垂壁の長さを強調する吹抜け

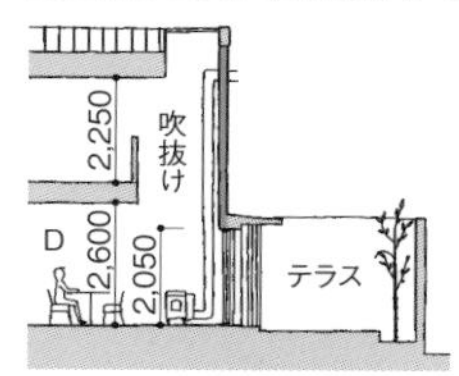

外壁寄りに吹抜けを設けることで垂壁の長さを強調している。外部の手前に広い面の陰ができ、外の明るさとの対比によって植栽が際立つ

1,750 1,890 4,550
540
隣地境界線
1,825
2,275
3,640
910
1,820
3,340
400
1,090
1,050
N
庭
テラス FL±0
床：モルタル金鏝押さえ
庇ライン
上部天窓
上部吹抜け
和室
仏間
収納
冷
ダイニング
FL±0
収納
リビング
FL±0
テラス FL±0
床：モルタル金鏝押さえ
庭
隣地境界線

1階平面図［S＝1:200］

ダイニングの庭とテラスは奥行きをたっぷりと4,100㎜取り、外に意識が向くような設えとした。外周壁で囲われつつも、テラス手前の吹抜けで開放感も感じられる

リビング・ダイニングを2つの庭で挟むことで、外から内へ、さらに外へ、というリズムが空間にもたらされる。これによってリビング・ダイニング全体が半屋内空間のような居心地となる

リビングの庭は、ダイニングとは逆に庭を内部に取り込むような設え。奥行きを約2,500㎜に抑え、室内のそばに植栽を植えている

「大泉の家」所在地：富山県、設計：深山知子一級建築士事務所・アトリエレトノ、写真：谷川ヒロシ

隣家を遮断する白い外周壁とリビングの間に中庭を配置し、外周壁からの反射光を室内に採り込んでいる。北庭でも十分明るい

白壁の反射光を室内に採り込む

住宅密集地で外や庭を身近に感じられるプランを計画するなら、日常の居場所そのものを半屋内のような空間にするとよい。自然光を外周壁に反射させて室内に採り込めば、外の雰囲気を取り込んだ半屋内空間をつくることができる。反射光は直射光より熱くならない点もメリットだ。

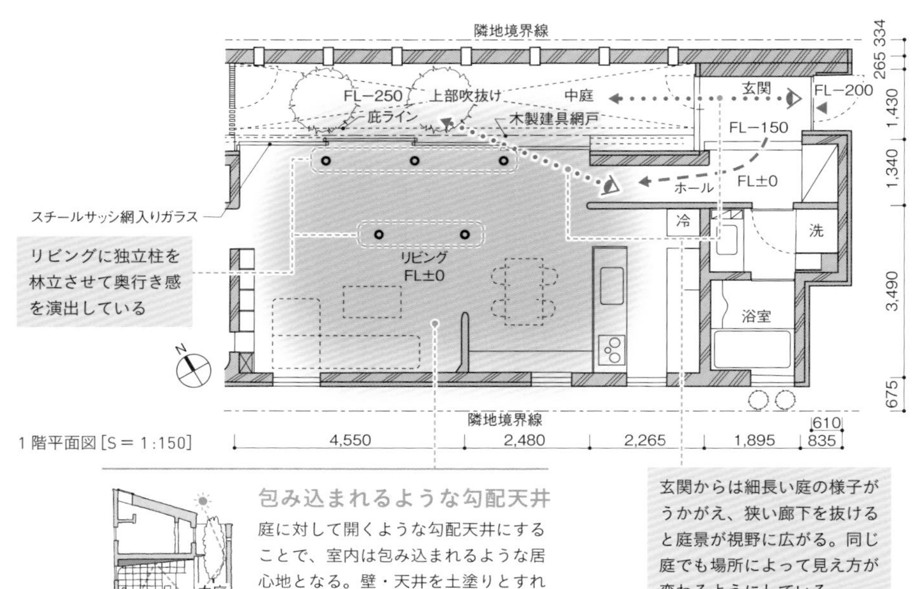

1階平面図［S＝1:150］

リビングに独立柱を林立させて奥行き感を演出している

包み込まれるような勾配天井

庭に対して開くような勾配天井にすることで、室内は包み込まれるような居心地となる。壁・天井を土塗りとすれば、光が乱反射して柔らかく広がる

玄関からは細長い庭の様子がうかがえ、狭い廊下を抜けると庭景が視野に広がる。同じ庭でも場所によって見え方が変わるようにしている

「土塗の家」所在地：東京都、設計：照井康穂建築設計事務所、写真：井上登

4章 テラス・バルコニー・縁側

テラス・バルコニー・縁側

軒下を生かすテラスと室内のつなげ方

軒下空間の魅力は、どんな天候のときでも屋外に出られることです。日差しが強い日でも屋外の緑を楽しむことができたり、雨が降っていても外へ出てリフレッシュしたりすることができれば、テラスやバルコニーは、室内の延長として気軽に自然を感じられる場所となります。そのためには、屋根や軒、庇を設けて軒下や軒先として、雨や日差しを遮る工夫が必要です。

特に、テラスやバルコニーの奥行き寸法には気を配りましょう。奥行きが1千㎜以下だと通路のような空間となり、物干しスペースにできる程度で、くつろげる場所にはなりません。1千200㎜あれば鉢植えなどを置いても人が通れます。1千500㎜以上なら、テーブルや椅子などの家具を配置でき、軒下空間をさらに活用できます。

軒下空間を居心地よくするには、室内との位置関係や設えにも工夫が必要です。たとえばテラスを設ける場合、床レベルや床材の向きを室内とそろえる、テラスに向けて大開口を設けるなど、テラスと室内が一体化した印象をもてる工夫を施すと、室内が広く感じられ、より心地よい空間になります。

［島田貴史］

バルコニーで
居室の狭さをカバー

第1種低層住居専用地域［※］に建つ狭小住宅。床の延長として2階に広いバルコニーを設置し、容積率の規制要件をクリアしながら、居室の狭さを補った。

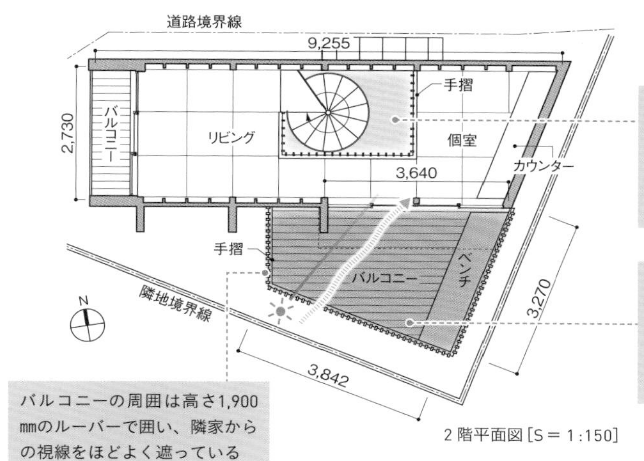

住宅密集地では、採光に最大限考慮したい。階段廻りに大きな吹抜けを設けたことで、1階まで光が届く。もちろん、吹抜けは容積率に算入されない

2階南側に大きなバルコニーを設置し、容積率の制限に対応。隣家と距離をとり、居室の採光を確保したうえで、居室の延長として使える広い半屋外空間となった

バルコニーの周囲は高さ1,900mmのルーバーで囲い、隣家からの視線をほどよく遮っている

2階平面図［S＝1:150］

※ 都市計画法第9条で定められた、低層住宅の良好な住居環境を保護する地域。建蔽率は30〜60%、容積率は50〜200%の間で制限される。この地域は建蔽率40%の制限地域だが、角地であるため建蔽率50%、容積率80%となっている

2階個室とバルコニーはほぼ同じ床高さでつながり、行き来が容易。また高窓を設けているので、視線の抜けと採光も確保できた

「沿線の家」所在地：東京都、設計：荒木毅建築事務所、写真：野口毅

リビングから玄関方向を見る。床材の向き・幅をテラスとそろえているので、建具を開放した際の一体感がより高まる

広いテラスを 第二のリビングに

玄関前のアプローチ兼中庭にテラスを設置した。LDの中庭側の掃出し窓は全面開口が可能。テラスを介して屋内と中庭がつながる大空間となった。

テラスの広さは2,200×3,050㎜。テーブルなどを置いて食事も楽しめる広さ

植栽でテラスを適度に囲い、外部からの視線を遮る

テラスに面した開口部は木製建具とし、戸袋に引き込むことが可能(玄関戸も引戸)。ここを開け放てば、玄関やLDがテラスとつながり、広々とした空間となる

アプローチの途中に扉を1枚設け、公私の境界を明確にした。これによりLDと中庭の建具を開放して、気軽に過ごせる設えとした

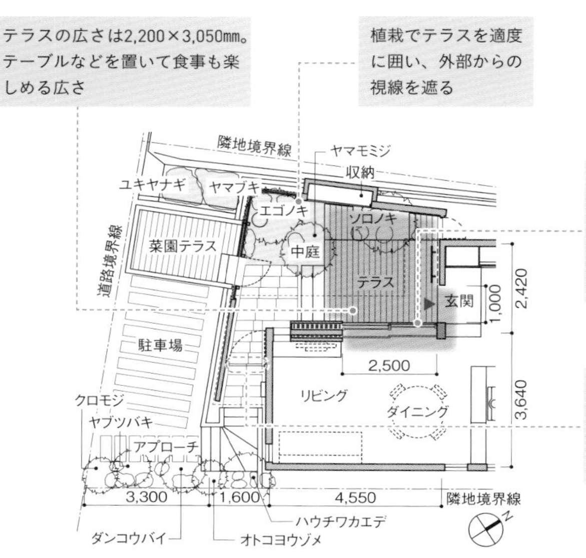

1階平面図[S＝1:200]

「荏田町の家」所在地：神奈川県、設計：新井アトリエ＋しまだ設計室、写真：新井崇文

リビングと一体化する 南東角のバルコニー

2階の南面と東面にL字形状にバルコニーを配置。リビング南東角の開口部でつないで内外を一体化し、開放感ある空間とした。

バルコニーの奥行きは約1,400mm。室内とつなげればより幅広い用途に対応し、くつろげる

袖壁に建具を格納する。洗濯物を干すときは、この袖壁側に置けば室内からは見えないので、突然の来客時などにも便利

リビングの南東角に掃出し窓を設け、床レベルを内と外でそろえた。さらにバルコニーとリビングの床材の向きもそろえ、一体感を強めた

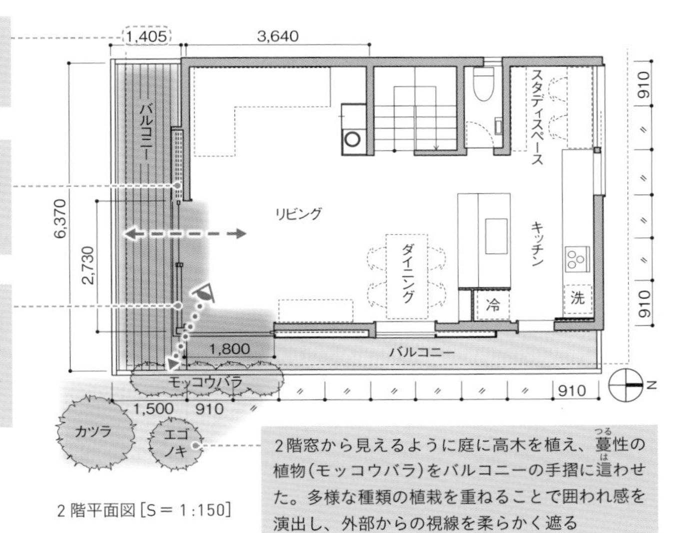

2階窓から見えるように庭に高木を植え、蔓性の植物(モッコウバラ)をバルコニーの手摺に這わせた。多様な種類の植栽を重ねることで囲われ感を演出し、外部からの視線を柔らかく遮る

2階平面図［S＝1:150］

モッコウバラで覆われたバルコニー。リビング南東角を開け放てば、目の前に花や緑が広がる

 「カヅノキハウス」所在地：東京都、設計：しまだ設計室、写真：島田貴史

テラス・バルコニー・縁側

デッキがつなぐ内と外

テラスやバルコニーは、外部と内部の緩衝帯として、内外をつなぐ役割があります。座って外の空気を感じ、景色を眺めるだけでなく、庭の手入れや洗濯物を干すための出入口としても機能します。最近では、積極的に外を活用するために、さまざまな形状のテラス・バルコニーがつくられています。たとえば、離れた2つの空間をつなぐ、四周に軒を出して外に回遊動線をつくるなど、形状に工夫を施すことで外がより室内に近づき、自然を感じられる家となります。

特に離れと母屋など2つの空間をテラスなどでつなぐ場合は、その周りを植栽などで囲うと緩やかなつながりが生まれ、魅力的な空間になります。

テラス・バルコニーは屋内の延長として裸足のまま使うこともあれば、逆に屋外として土足で使用することも。どちらにも対応できるように配慮し、用いる素材は、外気温に影響されにくく、足触りがよい、耐久性・耐水性の高い木材が望ましいでしょう。また床レベルは、床と地面などつながる2つの空間の中間の高さとし、昇降しやすく設定すると、緩やかに内と外がつながり、便利な空間となります。

［松原正明］

林の中に建つ山荘。テラスは3方向を建物に囲まれているので、安心感を得ながら大自然の開放感を満喫できる

傾斜地の2棟をテラスがつなぐ

雑木林の傾斜地(20°)に、極力地面を造成せずに水平な外部床をテラスで構成した。建物は2棟に分けて配置し、屋根を交差させて一体感をもたせつつ、緩やかにつなげた。

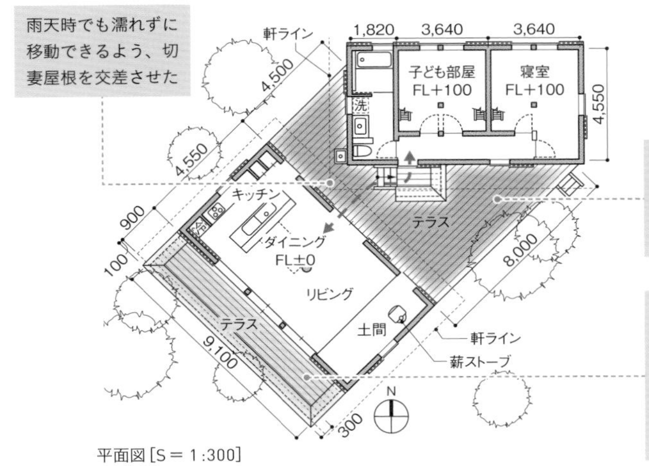

平面図［S＝1:300］

雨天時でも濡れずに移動できるよう、切妻屋根を交差させた

2棟をつなぐ木製のテラスは傾斜地で水平な地面の役割を果たすと同時に、団らんスペースとしても使える空間にした

南西面のテラスは奥行き900㎜。テラス全体に軒を延ばし、雨天時でも使用可能にした。手摺幅は300㎜、高さ700㎜なので、手摺をテーブルの代わりとして使用できる

「雑木林山荘」所在地：福島県、設計：木々設計室、写真：松原正明

アプローチから バルコニーまでを つなぐデッキ

高低差のある二面道路に挟まれた敷地。駐車スペースを確保するため、敷地より3m高い道路側に駐車場兼アプローチを設け、2階に玄関・リビングを配した。アプローチからバルコニーまでを同じ床材でつなぎ、地続き感をもたせながら土足で行き来できる空間とした。

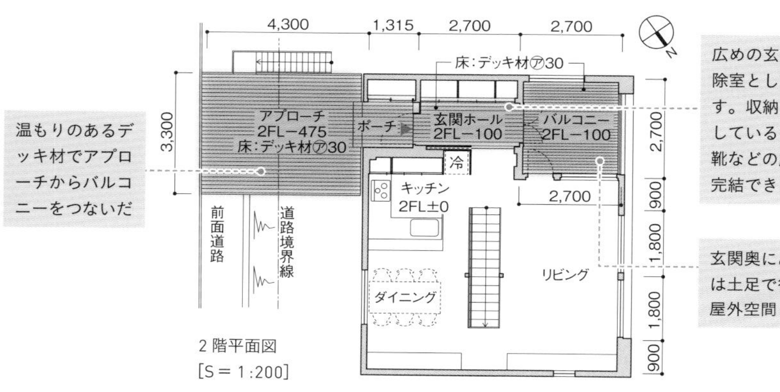

温もりのあるデッキ材でアプローチからバルコニーをつないだ

広めの玄関ホールは、風除室としての役割も果たす。収納スペースも確保しているので、コートや靴などの脱ぎ着もここで完結できる

玄関奥にあるバルコニーは土足で行き来できる半屋外空間とした

2階平面図
[S＝1:200]

玄関ホールからバルコニーを見る。遠くに藻岩山を望むバルコニーへは、リビングからも行き来できる

「k-pod」所在地：北海道、設計：エム・アンド・オー、写真：大塚達也

カバードバルコニーから主庭を見る。バルコニーを覆う屋根には天窓を設け、日差しを採り込む

離れ風の小部屋へ続く屋根付きのバルコニー

共用の庭をもつ二世帯住宅。和室と離れの趣味室は庭に面したバルコニーでつなぎ、机や椅子を出してくつろげる空間にした。屋根で覆われているので、雨天時でも活用しやすい。

主庭に面した2階バルコニーの手摺はフレーム状にして開き、道路に面した前庭側は腰壁として外部に閉じた印象とし、開放感とプライバシーを両立させた

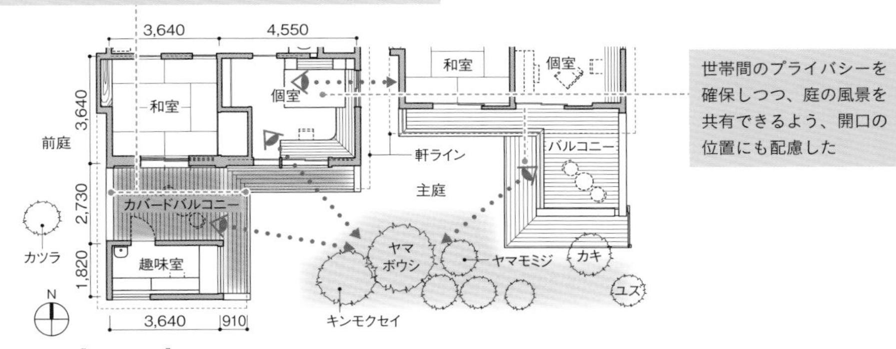

世帯間のプライバシーを確保しつつ、庭の風景を共有できるよう、開口の位置にも配慮した

2 階平面図［S＝1:250］

「浦和の 2 つの家」所在地：埼玉県、設計：村田淳建築研究室、写真：村田淳

テラス・バルコニー・縁側

少しだけ囲って ちょうどよく 外とつながる

テラスやバルコニーを屋根や壁などである程度囲うと、外部環境からの刺激がやわらぎ、より居心地のよい空間とすることができます。たとえば、庭に面した居室の窓の先をテラスやバルコニーにすると、床のつながりから内外が連続した半屋外空間になります。さらにその周囲に壁を設けると、外からの視線が遮られます。そこに屋根を架ければ、雨や強い日差しなどを避けることができ、屋内のような過ごしやすさと屋外のような開放感という屋内外両方の利点を享受することができます。

周囲の視線や天候に左右されないのならば、テラス・バルコニーに面した開口部を大きくすることができます。囲い方の工夫次第で、プライバシーを守りつつ屋内に多くの光を採り込むことができ、外に対して開放的で安心な設えが可能になります。

ただし、囲うときは採光や換気に支障が出ないよう注意が必要です。壁や屋根には最低限の開口を設置するなどの工夫を施すとよいでしょう。外部環境からの不要な刺激は遮り、欲しい刺激に対してのみ開くことで、快適な半屋外空間ができあがります。

[村田淳]

欲しい「外」だけ取り入れる
バルコニー

南側で道路に面する25坪の敷地の住宅。ここでは、道路からの視線を遮りながら外でもくつろげる場を得るため、2階の南側にカバードバルコニーを配置した。バルコニーの屋根には天窓を設置し、採光を確保。手摺付近に目隠しとなるようプランターを配置して、外部からの視線を緑でほどよく遮る居心地よい空間となった。

屋根や壁でほどよく囲ったカバードバルコニー。天窓と植物越しの南面開口の効果で、囲われ感がありながらも室内まで届く十分な採光が得られる

バルコニーの物干しスペースは袖壁で隠し、リビングからの視界に入らないよう設定。屋外からは植栽で隠されている

バルコニー全体に屋根を架けることで、室内と一体感のある半屋外空間となる

プランターの植物は、レイランドヒノキやアジサイ、ブルーベリーなど、ある程度の高さがあり、季節感が楽しめる植物を選択。目隠しとしても活用する

バルコニーの植物などを手入れするための道具類はここに収納する

カバードバルコニーの屋根には1,700×1,500㎜の天窓を設置。明るい光にあふれた開放感と、囲われ感を両立させた

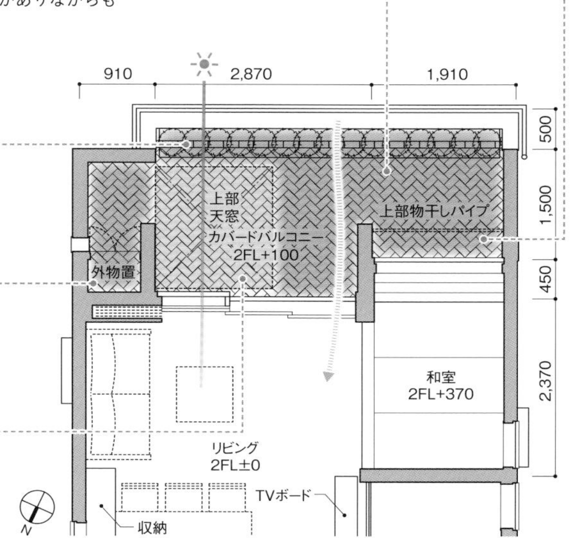

2階平面図[S＝1:100]

 「太子堂の家」所在地：東京都、設計：村田淳建築研究室、写真：村田淳

リビングからテラスと中庭を見る。板塀上部の空白が、街と中庭につながりをもたせている

テラスを囲んで 中庭風に

敷地より600㎜高い南面道路からの視線を遮るため、LDの前面道路側の敷地境界部分を高さ2,600㎜の板塀でしっかりと囲い、中庭とテラスにした。植栽の配置や板塀の形状の工夫次第で、内からも外からも圧迫感を感じない空間にできる。

ホールからも見えるリビング側の開口部は、景観を優先し、FIX窓を採用。植栽をしっかりと見せている

LD側の開口部は引違いの掃出し窓。ここがテラスと中庭への出入口となる。テラスの奥行きは1,850㎜と広いので、洗濯物干しや食事など多目的なテラスとして利用できる

前面道路(GL＋600)からの視線を遮るため、中庭を板塀でGL＋2,600㎜の高さまでしっかりと囲う一方、塀の上端の板材を一枚抜いて細長い開口をつくった。これにより塀の高さによる圧迫感が減り、軽やかな印象となる

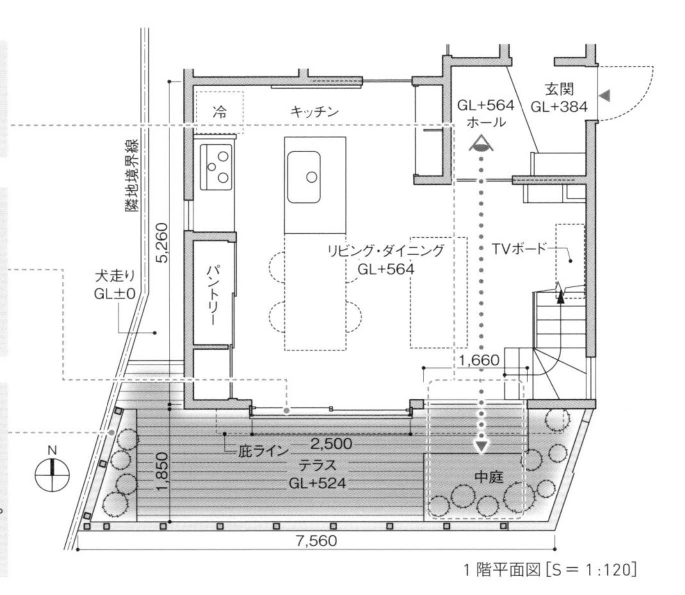

1階平面図［S＝1:120］

「本郷町の家」所在地：神奈川県、設計：新井アトリエ、写真：新井崇文

軒下を内部化する
ルーバー

建物が密集する市街地の場合、採光はあまり期待できず、プライバシーの観点から開口部も設置しにくい。本事例では建物の東西を木製バルコニーの長い廊下でつなぎ、そこにルーバーや磨りガラスを用いることで開放的な空間を演出した。

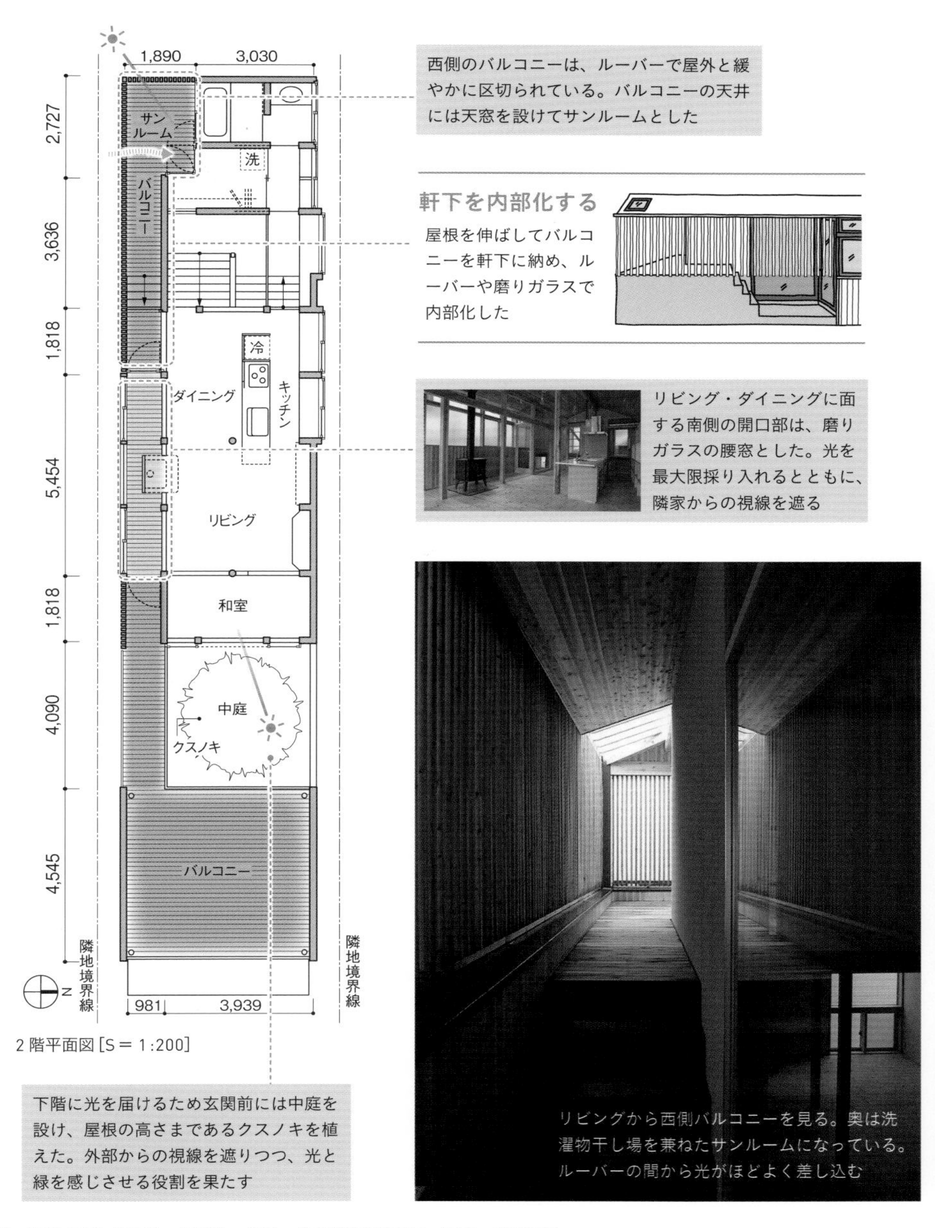

2階平面図 [S＝1:200]

西側のバルコニーは、ルーバーで屋外と緩やかに区切られている。バルコニーの天井には天窓を設けてサンルームとした

軒下を内部化する

屋根を伸ばしてバルコニーを軒下に納め、ルーバーや磨りガラスで内部化した

リビング・ダイニングに面する南側の開口部は、磨りガラスの腰窓とした。光を最大限採り入れるとともに、隣家からの視線を遮る

下階に光を届けるため玄関前には中庭を設け、屋根の高さまであるクスノキを植えた。外部からの視線を遮りつつ、光と緑を感じさせる役割を果たす

リビングから西側バルコニーを見る。奥は洗濯物干し場を兼ねたサンルームになっている。ルーバーの間から光がほどよく差し込む

 「元町の家」所在地：石川県、設計：谷重義行建築像景、写真：谷重義行

リビングから光庭を見る。多くの窓を
介して光を採り込むだけでなく、各居
室の様子がそれとなく感じ取れる

建物中央の光庭が家じゅうをつなぐ

住宅密集地では、プライバシー保護の観点から建物外周の開口は極力減らしたいが、そうすると採光不足となってしまう。その場合は建物の中心に光庭を配置するとよい。本事例では、光庭の3方向に開口部を設けて居室とつなぎ、住宅密集地における採光問題を解決した。

光庭の床レベルはFL+200㎜

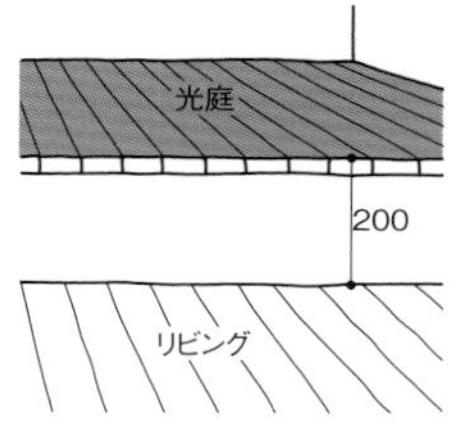

光庭の床は、屋内の床より200㎜程度高く設定。あえてレベル差をつけることで、光庭を舞台のような特別な空間として演出できる

リビングと光庭をつなぐ開口部は、採光や光庭との一体感を最大限に確保するために、桟がないFIX窓とした

ワークスペースと光庭をつなぐ開口部は、空と光庭越しの自邸を景色として切り取るピクチャーウィンドウとなるようなFIX窓を設えた

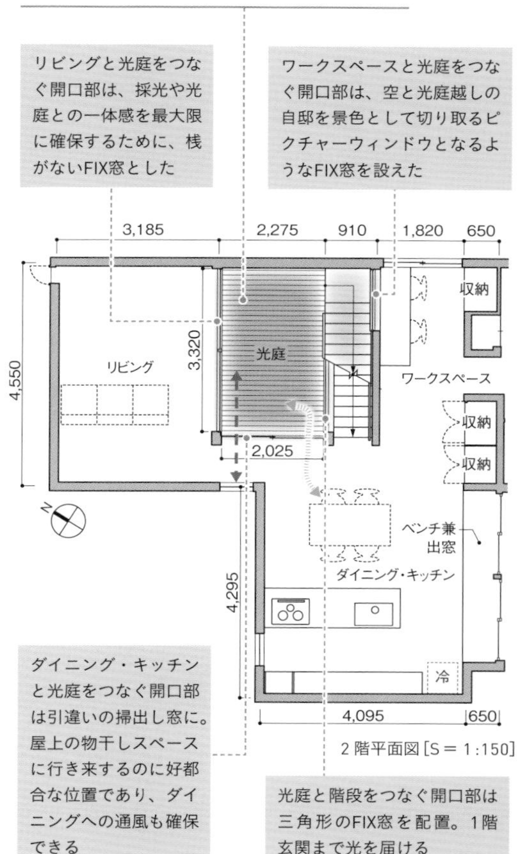

2階平面図［S＝1:150］

ダイニング・キッチンと光庭をつなぐ開口部は引違いの掃出し窓に。屋上の物干しスペースに行き来するのに好都合な位置であり、ダイニングへの通風も確保できる

光庭と階段をつなぐ開口部は三角形のFIX窓を配置。1階玄関まで光を届ける

 「東玉川の家 2」所在地：東京都、設計：向山建築設計事務所、写真：ナカサアンドパートナーズ

ルーバーで覆われた バルコニー・テラスが 内外をつなぐ

南側の1階に広いウッドテラス、2階にバルコニーを設け、ウッドテラス側全体をルーバーで覆い、雨天時でも使える半屋外空間とした。ルーバーには網を張っているので、夏でも虫を気にせずウッドテラスとバルコニーに出られる。

網を張り緩衝帯に

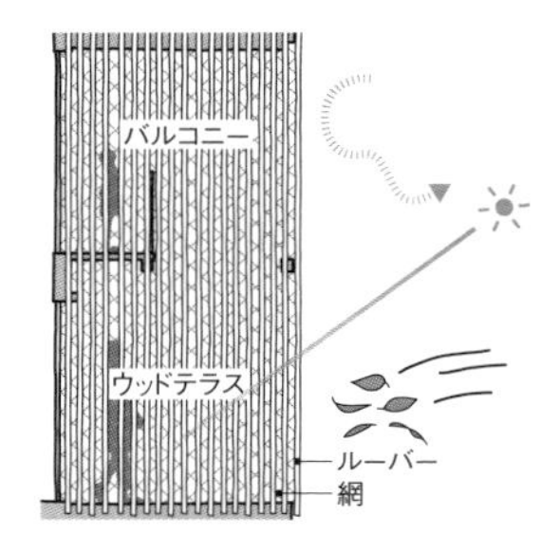

ルーバーの内側に網を張り、室内に虫や落ち葉、雪などが入り込まないようにした。空気も緩やかに区切られ、温熱的な緩衝帯にもなる

バルコニーに面する寝室の開口部は、吹抜け部分のみFIX窓とし、吹抜け両脇の2面は引込み戸として、開け放てば回遊できる設えに

平面図［S＝1:200］

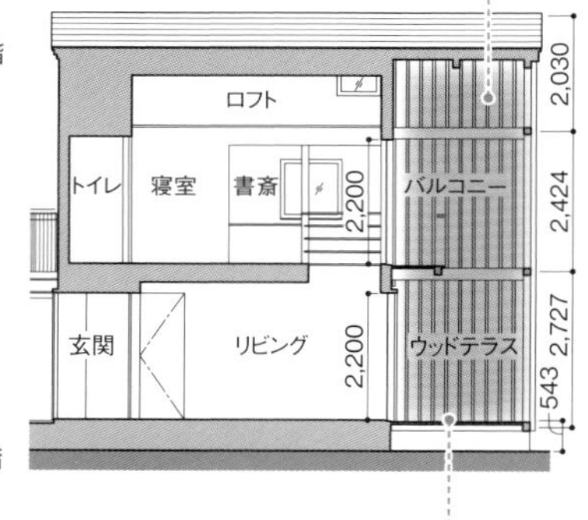

断面図［S＝1:200］

ウッドテラスに面するリビングの開口部は、木製建具の掃出し窓で全面開口が可能。開け放てばリビングの延長として機能する

ウッドテラスの床高さを約GL＋540㎜とすると、外から腰かけるのにちょうどよい高さになる

リビングの窓を開放してウッドテラスと一体的に使える。開閉可能な格子戸付きのルーバーで囲われているので、季節や時間帯などに応じて外とのつながりを調整できる

「屋敷森の家」所在地：秋田県、設計：木曽善元建築工房、写真：木曽善元

林のなかにたたずむ建物外観。格子戸を開放すれば、
庭からウッドテラス、リビングへと自然が流れ込む

テラス・バルコニー・縁側

暮らしを彩る縁側・テラスと軒下の組み合わせ

敷地の南側に深い軒を出し広い縁側をつくるという伝統的な日本家屋の手法は、自然に順応しながらその恵みとともに暮らしていく「日本人の自然観」が生んだ先人の知恵です。内でもなければ外でもない、内と外を密接につなぐあいまいな場所─縁側こそ、現代の私たちに必要な空間ではないでしょうか。窓を開け放てば、軒がつくる光と影のなか、草花の香りや鳥のさえずり、肌を洗う爽やかな風などを感じ、五感が刺激される空間となります。縁側は外とのつながりが意識され、コミュニケーションの場ともなる、暮らしを豊かにする場所なのです。

軒下の縁側は、裸足のまま踏み出せる気軽さがあります。家で靴を脱いで暮らす日本人にとっては、手間がかからず好都合ですし、その先に石張りの場所をつくれば、サンダルを履いてそのまま庭へ下りることもできます。

窓を引込みの掃出し窓にすればさらに内外が一体化し、軒の出を深くすると軒下の使いやすさがアップします。ただし軒先の高さは、敷地の状況や屋内への光の入り具合、圧迫感の有無などにも気をつけながら慎重に決めたいところです。

［佐藤哲也・布施木綿子］

「へ」の字の角にできたテラス

リビングなど家族の共用スペースと、寝室などの個室をテラスでつなげた平屋のへの字形プラン。テラスは断熱ラインの外となるが、床・壁・天井の仕上げを内と外で統一し、内外が交わる雰囲気をつくりあげた。

半屋外のテラスで空間を緩やかに区切る

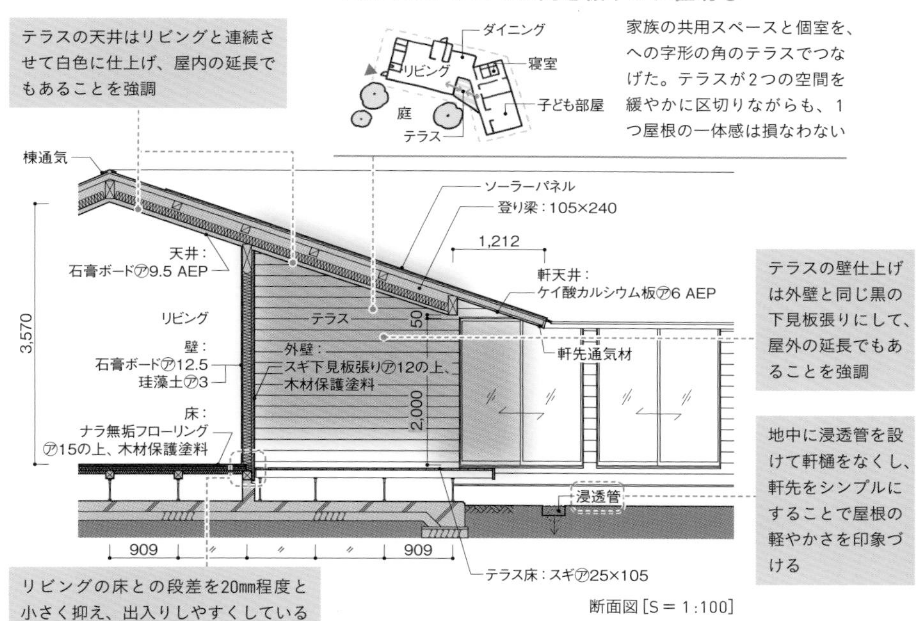

庭からリビングとテラスを見る。1,212㎜の軒の出で、内と外に緩やかなつながりをもたせている

「内原の家」所在地：茨城県、設計：谷重義行建築像景、写真：谷重義行

リビングから庭を見る。ベイスギ板張りの天井は、ガラスの欄間を通して軒裏まで続く

深い軒とL字形プランで
庭を室内に取り込む

前面道路に対して間口の広い敷地。できるだけ庭を広くとるためにL字形プランとし、リビング・ダイニングから庭を眺める際の奥行きと広がり感を重視した。リビング・ダイニングと庭の間には軒下空間(奥行き2,500㎜)を設け、大小とり混ぜた石の乱張りの土間を庭へと伸ばし、庭へ出やすくしている。

木の竪格子と自然樹形の生垣(トキワマンサク)で、前面道路からの視線を緩やかに遮る。同時に、塀を立てないことで植栽のための通風・採光も確保した

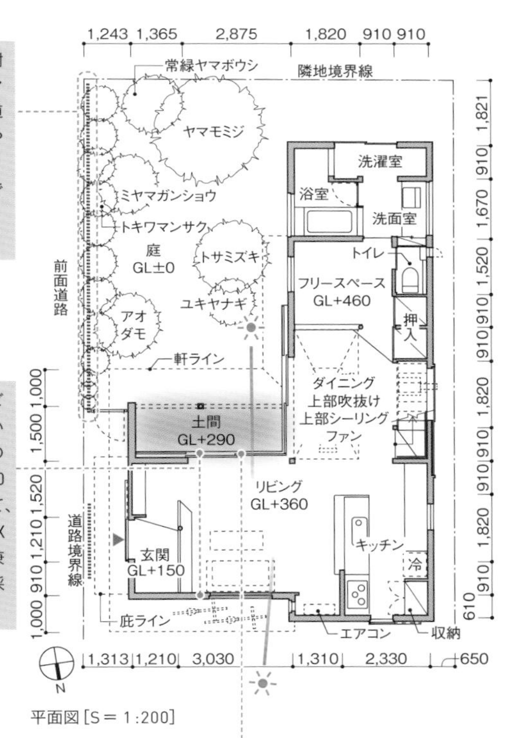

深い軒によってリビングが暗くならないように、リビングの奥行きは2間(3,640㎜)で抑えた。併せて、リビング南側のFIX欄間窓と、通風を兼ねた北側の高窓で採光を確保している

平面図[S＝1:200]

家のなかまで「外」を届ける

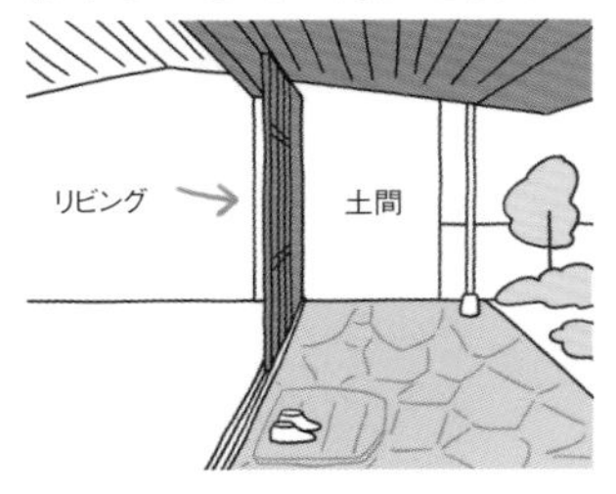

掃出しの木製引込み戸を全開にすれば、LDK全体が半屋外的な空間となる。これだけ深い軒なら、開け放っても多少の雨や日差しを避けられる。さらに錠付きの造作格子網戸で、通風と防犯性を確保した

「上連雀の家」所在地：東京都、設計：佐藤・布施建築事務所、写真：佐藤哲也・布施木綿子

ポリカで光と熱をコントロール

夏はポリカーボネートの屋根で光を拡散させ、暑熱を緩和する。冬は太陽高度が低いので、光が直接屋内まで届く

夏を存分に楽しむ という選択

切妻屋根の南側半分ほどをポリカーボネート屋根にして、その下を夏期に涼しく過ごすための広いテラスにした。寒冷地の短い夏を快適に過ごすための創意工夫を凝らしている。

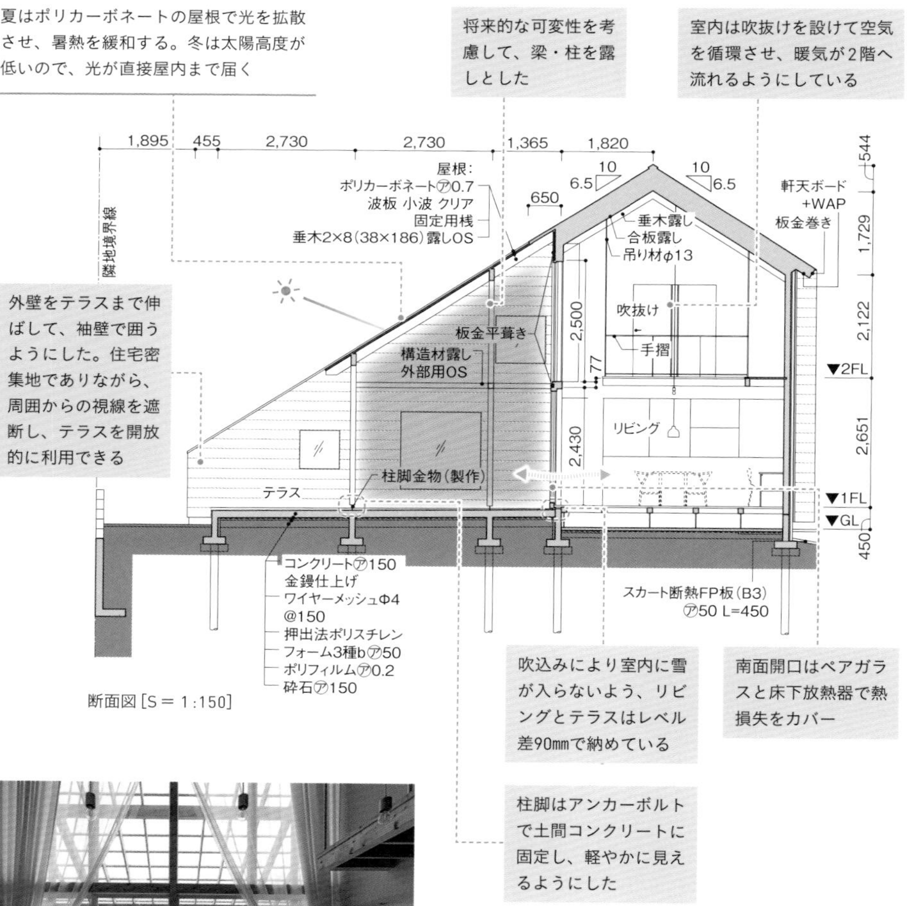

断面図［S＝1:150］

リビングからテラスを見る。樹脂サッシの枠が見えないように、柱と梁に十字形の木材をかぶせている。テラスにはアオダモやモミジなどの紅葉する樹木を植栽。屋内からも四季を感じられる

「大きなテラスのある家」所在地：北海道、設計：堀部太建築設計事務所、写真：佐々木育弥

107　緑と光があふれる広いテラス

長い軒下と縁側が二世帯をつなぐ

長屋形式の二世帯住宅。玄関や水廻りなどをすべて世帯ごとに設け、内部は完全に独立したつくりとした。一方で、両世帯のリビング・ダイニングは広いテラスで緩やかにつなぎ、一緒に暮らす豊かさを感じられるようにしている。

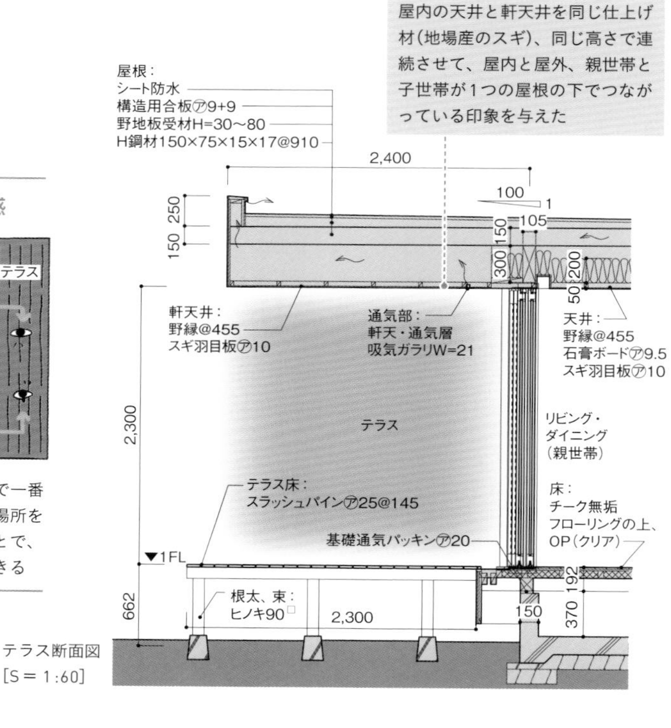

テラス断面図
[S＝1:60]

スープの冷めない距離感

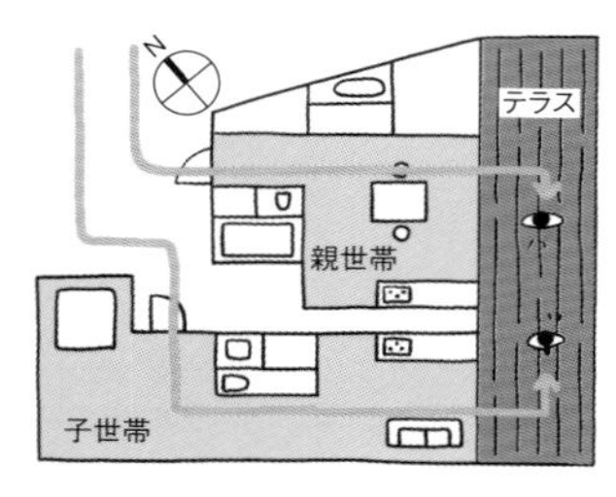

大きな軒下のテラスが、この家で一番居心地のよい場所。この快適な場所を二世帯の共用スペースとすることで、心地よい距離感で一緒に生活できる

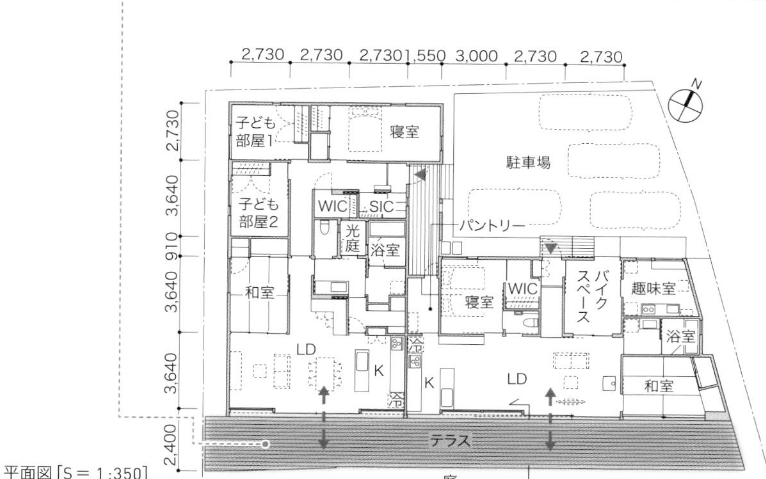

平面図[S＝1:350]

庭からの外観。長い1つ屋根の下に二世帯が暮らす

奥行2.4×幅24mの深く長い軒は、鉄骨持ち出し。深い軒は守られている安心感を生み、居心地がよい。夏の夕立への備えにもなる。軒天井と塀はそれぞれにマットな塗装を施し、より落ち着ける空間とした

縁側をリビング・ダイニングの床よりも低く設定し、框を隠した。床が外に伸びて一層広々とした印象に

「軒下」感が落ち着きをもたらす

日差しの強い地域では、軒をより深く出して直射日光を避け、涼やかな空間をつくりたい。ここでは、リビング・ダイニングに設けた縁側に軒をたっぷり2,250㎜程度出して、オーソドックスな軒下・縁側空間をつくった。

リビング・ダイニングは掃出し窓を開放することで縁側と一体になり、外の自然を目いっぱい取り込める

軒が深いため軒先の高さは室内から1,800㎜程度に見える。開放感を損なわず囲われ感もあり、軒下は落ち着いた空間になる

伝統的な軒下・縁側は、屋根露しとして天井を張らない。これにならい、天井を張らずに軒裏を見せ、さらに軒を深く出せば「軒下」感が増す

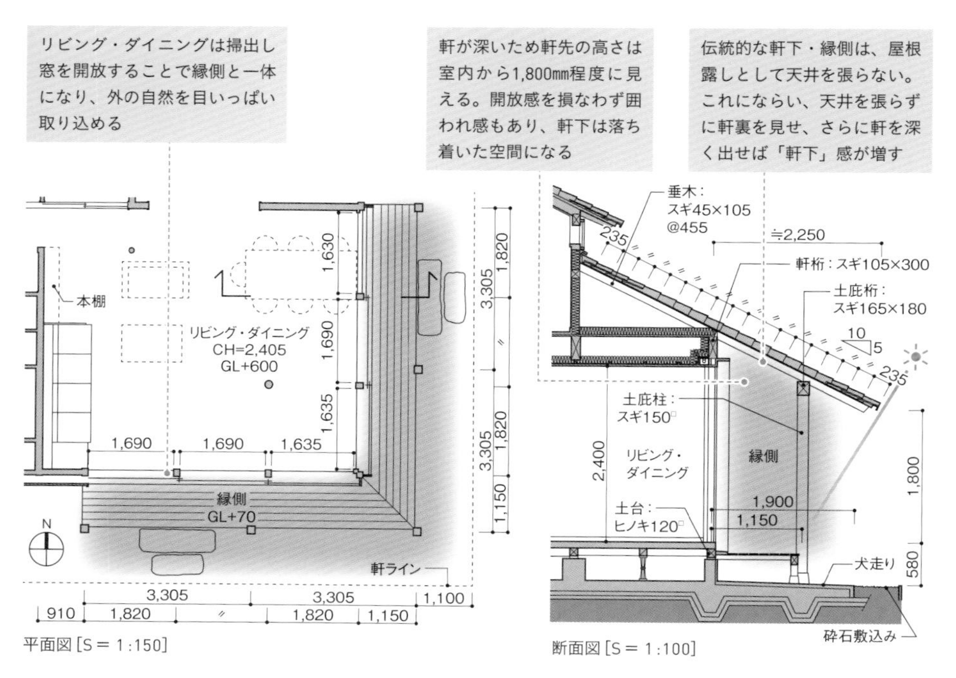

平面図［S＝1:150］

断面図［S＝1:100］

「風突の家」所在地：熊本県、設計：横内敏人建築設計事務所、写真：小川重雄

5章

庭

庭

角度をつければ庭と近づく

外構（庭）に特徴を出す方法の1つに、敷地に対して建物の角度を振って配置し、庭の大きさや形状をコントロールする手法があります。植栽を用いて庭をつくり込まなくても、建物の配置を工夫するだけで、遠近感のある印象的な空間がつくれます。

敷地境界や道路と並行に建物を配置すると、多くの場合、建物は隣家や道路と対峙（正対）することになります。正対するのと、斜（はす）に向かい合うのとでは、相互関係の密度が異なります。正対するほうがその関係はより密となり、視線が交差しやすくなり、安心感が損なわれやすいです。

一方、角度を振って建物を配置すれば、建物は隣家や道路と正対せず、視線が交差しにくくなり、ほどよい良好な関係性になります。

こうして分化されたそれぞれの庭に、建物内の機能を補完する役割をもたせれば、庭は「屋外の部屋」（半屋外空間）となります。日々の暮らしの活動領域が屋外まで広がることで、日常の暮らしが風景の一部に溶け込んだ街並みをつくることにもつながります。

［照井康穂］

南西側の庭から見た建物外観。道路から最も奥まった庭に向かって縁側を設け、外部の視線を気にすることなくくつろげる空間とした

多機能な庭が
住まいを囲む

敷地に対して建物の角度を振り、庭を分けた。リビングに近い道路側に薪小屋を配したり、リビング近くに畑を設けたりするなど、分化された庭に建物内の機能を補完させれば、庭は「屋外の部屋」のような印象が深まる。

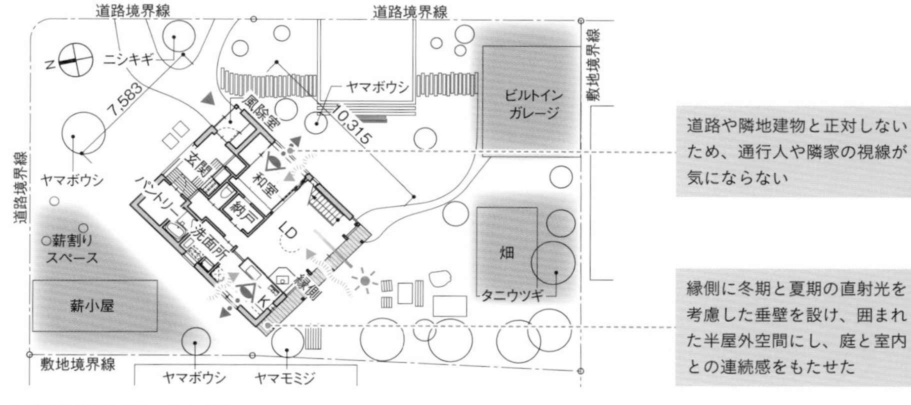

1階平面配置図[S＝1:400]

「下川の家」所在地：北海道、設計：照井康穂建築設計事務所、写真：佐々木育弥

役割の違う3つの庭

三角形の敷地に四角い建物を配置した結果、周囲に3つの庭ができた。それぞれの庭がダイニング・キッチン、リビング、和室と密接につながるよう、異なる特徴をもたせている。

塀で囲われた小さな庭は、プライベート性が高く、室内と一体に感じられやすい

ダイニング・キッチンに面する庭はポタジェガーデン(食べられる庭)とした。この庭の地面はレンガタイル敷きなので、作業しやすく、テーブルなども置きやすい。果樹やハーブなどの食べられる植栽を中心に配置している

庭との視覚的なつながりを重視して、リビングの床レベルはダイニングよりも300㎜下げて視線を地面に近づけた。テラスはタイル敷きなので土汚れを室内に持ち込まない

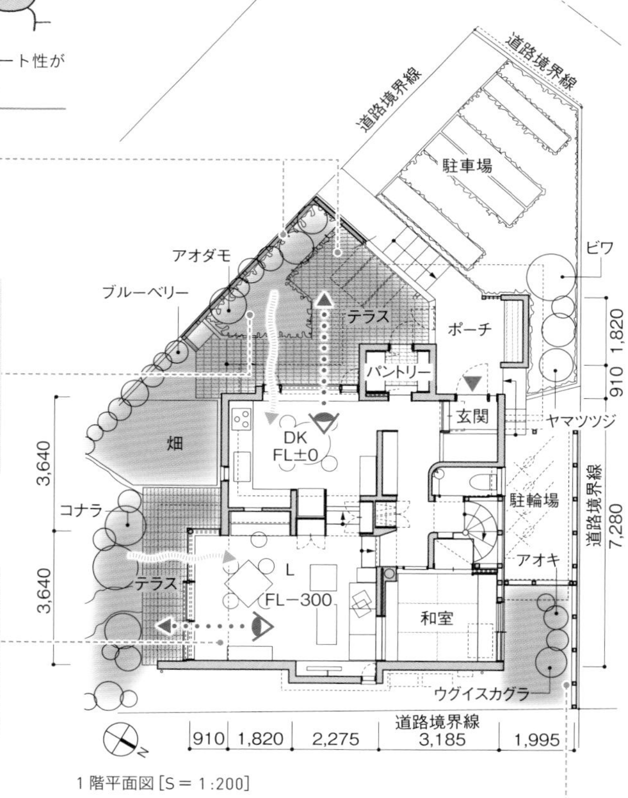

1階平面図[S＝1:200]

和室に面した庭は、年中楽しめるよう、常緑樹と落葉樹を混ぜて配植。隣家からの視線を遮る役割ももつ

「勝田台の家」所在地：千葉県、設計：熊澤安子建築設計室、写真：西川公朗

西側のダイニング・キッチンに面する庭。塀で囲んだプライベートガーデンとして満喫できる

窓一面が緑で覆われたリビング。床レベルが低いので庭と密接につながる

庭

屋上緑化で身近な緑を手に入れる

価の高い都市部では、限られた敷地に広い庭を確保するのが困難です。その場合は屋上に庭園をつくれば、都市部でも緑を楽しめます。たとえば、2階建ての2階の一部など、室内から見える場所に屋上庭園をつくると、屋上に出るまでもなく居住階から緑を楽しむことが可能に。さらに、屋上庭園を壁で囲い視覚的に内部に取り込めば、室内からも緑と親しめ、開放感も得られます。屋上庭園の建設費を考慮しても、地上に庭を設ける土地代より安価に済む場合もあります。内部とのつながりを考え、緑を身近に感じられる庭を目指しましょう。

地上での庭づくりとは異なる配慮も大切です。植物の成長に必要な水や日光を得るために、屋上庭園には屋根を設けません。壁の配置も日当たりや風通しを考慮します。必要となる土の深さは植物の大きさによって変わるため、断面計画も植栽との整合性を考えて決めるとよいでしょう。また、土や植物は重いので、構造形式はRC造または混構造をよく用います。植物の根は防水層を傷めやすいため、保水と排水も考えて耐根シートを含んだ屋上緑化システムがお勧めです。

[村田淳]

狭小住宅の屋上に
中庭を設ける

住宅密集地では、外部とのつながりを保ちながら外からの視線や音を遮れるよう工夫したい。ここでは、狭小住宅(建築面積約9坪)の3階に屋上庭園を設けた。庭を建物中央に配置したことで、周囲の視線や音を気にすることなく、庭の緑を楽しむことが可能に。日差しや風も強すぎないため、植栽の手入れもしやすい。

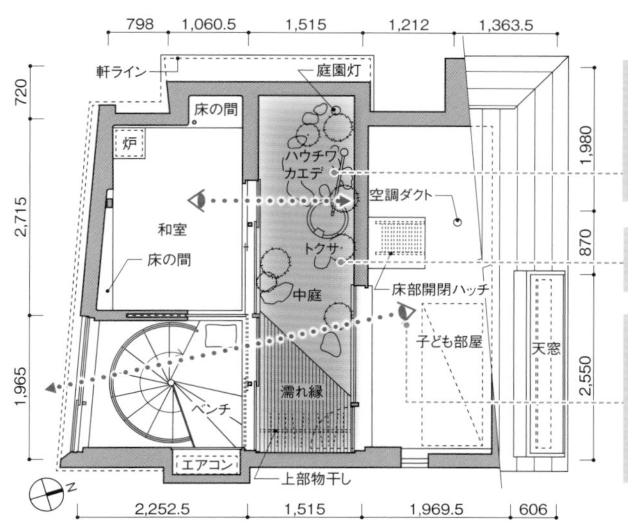

土壌の荷重はできるだけ軽くして、建物への負担を減らしたい。ここでは、軽量で高い保水・排水性能をもつ「アクアソイル」(イケガミ)や、軽量の火山岩を使用している

ハウチワカエデやトクサなどは、直射日光が苦手で半日陰を好む植物

南側前面道路の街路樹と中庭の植栽を視覚的につなげると、視線の抜けが生まれ奥行き感が増す。開口部は互いの視線が気にならないように、別の部屋の開口部と正対しない配置にするとよい

3階平面図[S＝1:100]

濡れ縁から中庭を介して和室を見る。幅約1.5mのコンパクトな庭を、上品で落ち着きある空間にまとめている

「縦露地の家」所在地：東京都、設計：遊空間設計室、写真：鳥村鋼一

玄関土間が
上下階の庭園を結ぶ

玄関横と屋上全面を緑豊かな庭園としている。園芸作業を屋内でもできるように玄関土間を広くとり、1階庭の土間部分と連続させた。玄関から1階庭と屋上庭園へは土間を通って直接アクセスできるため、玄関と土間が園芸作業の拠点になる。

屋上庭園を見る。趣味のバラなどさまざまな種類の植栽を配して鮮やか

北面に光井戸としての小さな中庭を設けた。屋上庭園の北と西には隣家側からの視線を防ぐ壁を設けており、その壁に反射した光が1階まで届く

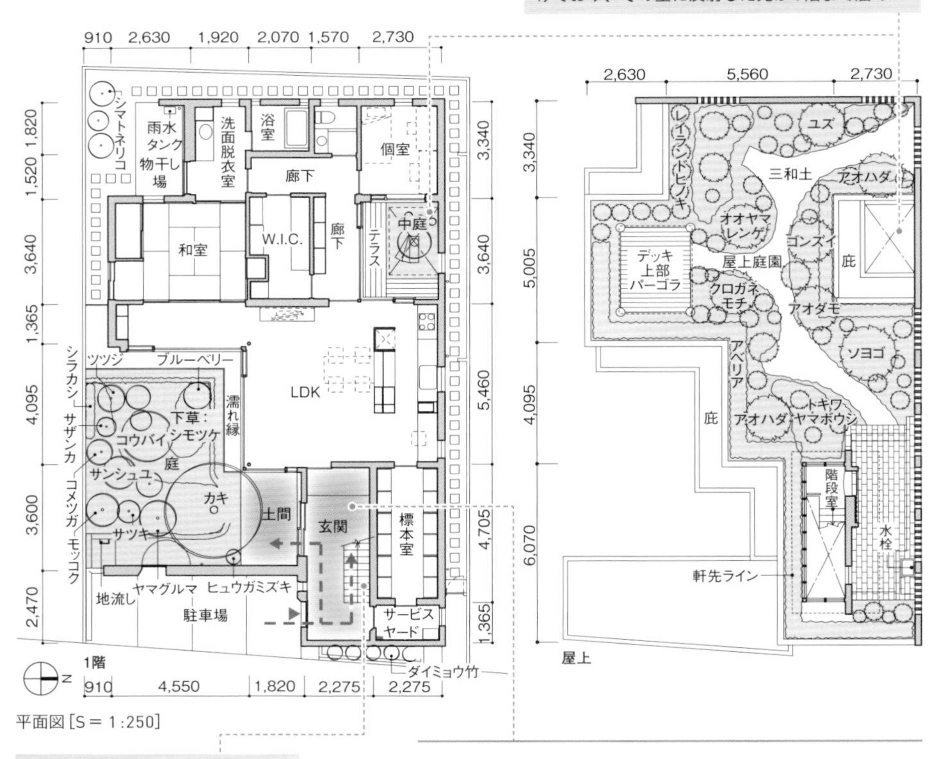

平面図［S＝1:250］

屋上庭園への階段は片持ち階段。意匠性や清掃性が高く、空間も広々と使える

土足で完結できる庭用動線

土足のままそれぞれの庭へのアクセスを可能にすると、土の汚れが気にならず園芸作業も楽になる。来客の際、室内を通さず庭に直接案内できるというメリットもある

「桜新町・緑庭の平屋」所在地：東京都、設計：村田淳建築研究室、写真：村田淳

土間から1階庭を見る。1階の庭は既存樹木を中心とした落ち着いた雰囲気

海と緑を望む 屋上露天風呂

高台にあり眺望が利く場所なら、近隣からの視線を排除したうえで屋上に露天風呂を設けるのも有効だ。本事例は2階に露天風呂がある木造住宅。水は重いので荷重計算が必須だ。防水は防水バルコニーと同じ考えで問題ないが、建物際のリビング・ダイニングは水の浸入を防ぐため、バルコニーからの立上りを60㎜としている。

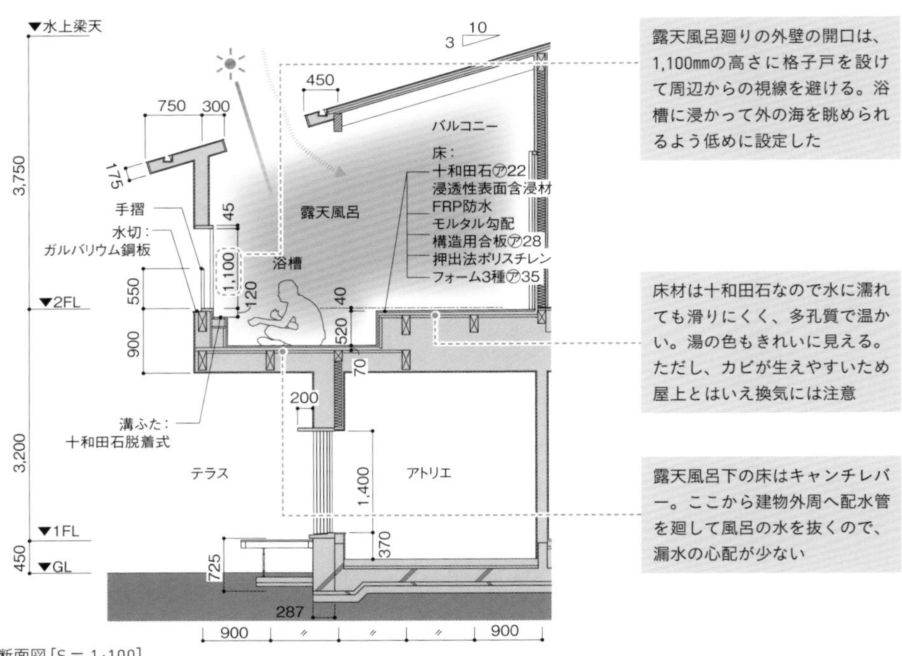

断面図［S＝1:100］

露天風呂廻りの外壁の開口は、1,100㎜の高さに格子戸を設けて周辺からの視線を避ける。浴槽に浸かって外の海を眺められるよう低めに設定した

床材は十和田石なので水に濡れても滑りにくく、多孔質で温かい。湯の色もきれいに見える。ただし、カビが生えやすいため屋上とはいえ換気には注意

露天風呂下の床はキャンチレバー。ここから建物外周へ配水管を廻して風呂の水を抜くので、漏水の心配が少ない

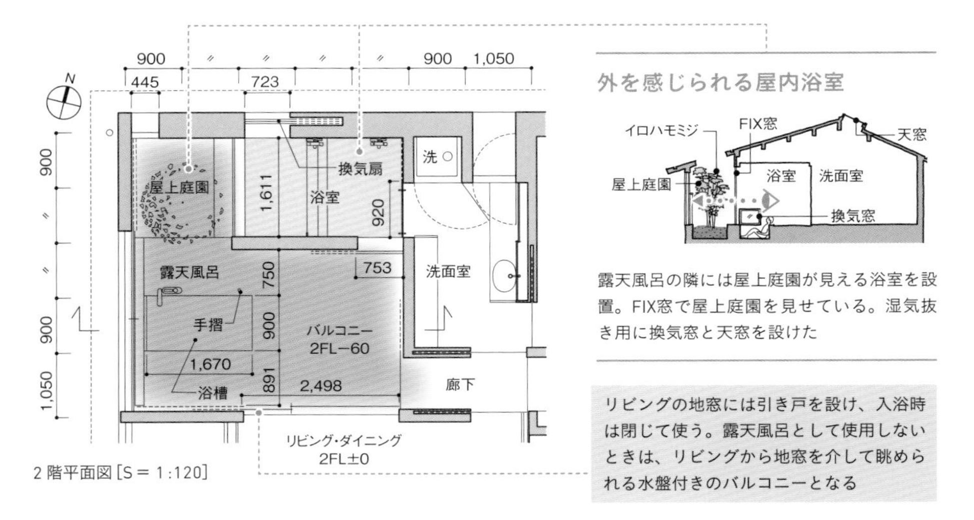

2階平面図［S＝1:120］

外を感じられる屋内浴室

露天風呂の隣には屋上庭園が見える浴室を設置。FIX窓で屋上庭園を見せている。湿気抜き用に換気窓と天窓を設けた

リビングの地窓には引き戸を設け、入浴時は閉じて使う。露天風呂として使用しないときは、リビングから地窓を介して眺められる水盤付きのバルコニーとなる

「明石の住宅」所在地：兵庫県、設計：上町研究所、写真：平野和司

露天風呂から屋上庭園を見る。リビングから水面を見せるため水位は高めに設定。あふれた水がバルコニー全体に廻らないように、室内からは目立たない海側（写真左側）に側溝を設けた

スタディコーナーから2階屋上庭園を見る。屋上庭園は前面道路から仰ぎ見ることができるものの、視線は室内まで届かない

1階中庭とつながる
2階の屋上庭園

敷地周囲を建物で囲まれているような住宅密集地では、プライバシーと開放性の両立に留意したい。ここでは、2階の屋上庭園に壁を立てて隣家からの視線を遮りつつ、通風と採光を得るための開口を設けてほどよく街に開いている。

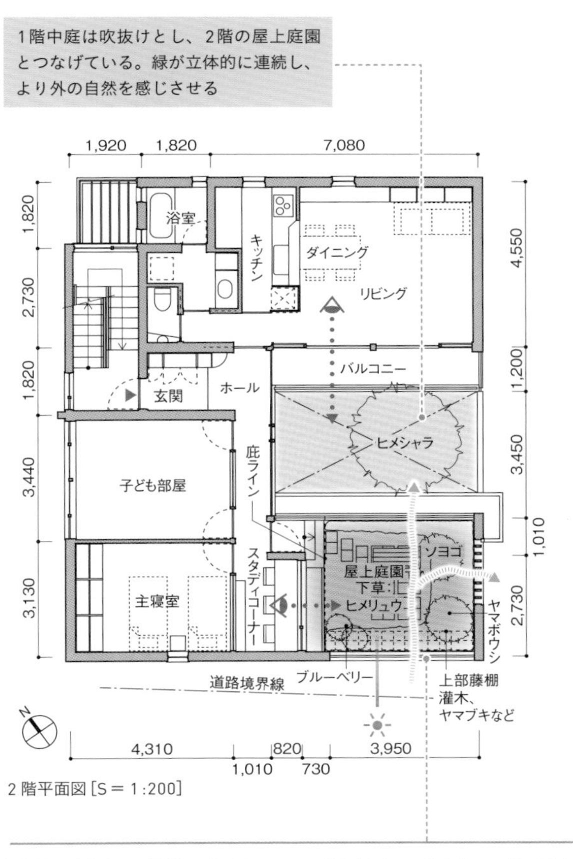

2階平面図［S＝1:200］

通風・採光を考えて囲う

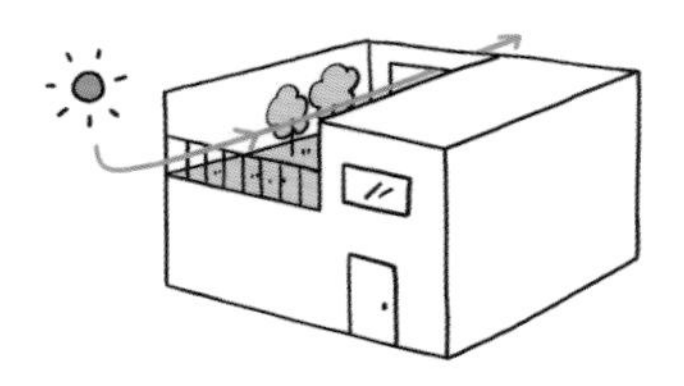

屋上庭園の四方をすべて壁で囲うと、通風が阻害され植物の生育にあまりよくない。湿気が抜けにくくなるうえ、生育できる植物は限定されてしまうからだ。少なくとも1方向は外に開き、もう一方に開口などを設けて通風・採光を確保するとよい

「中海岸のコートハウス」所在地：神奈川県、設計：村田淳建築研究室、写真：村田淳

庭

あこがれのインナーグリーン

屋内に居ても緑を感じられるインナーグリーンは近年、住まい手からの要望が増えています。冬期に屋内に閉じ込められがちな寒冷地では、特に有効な手法です。

インナーグリーンを設ける場合は、建物側で通風や採光、十分な湿度を確保することが不可欠です。風通しが悪く空気が留まると、病害虫が発生しやすくなり、植物の生育にも影響するので注意しましょう。

植物は光に向かって成長するため、光は上部から採り入れるのが基本です。照度が少ないと樹形が乱れ、光の当たりにくい日陰の部分から枯れていきます。天窓を用いて最低限の光が入るように、もしくは照明で十分な照度を確保するように、計画するのが基本となります。ただし、複層ガラスになると光の透過率は低下するので、天窓の仕様を決める際には注意しましょう。また、植栽廻りは外壁材を使ったり、外部と同じ砂利を敷くなど仕上げ材にも気を配り、外とのつながりを強調するとよいでしょう。

建物内部は、植えられる空間や環境に制限があるため、ヤブツバキ、アオキなど耐陰性のある常緑樹を選びましょう［付録参照］。

［荻野寿也］

仕上げの工夫で「外っぽく」見せる

室内でも緑を楽しめる住まいにするなら、単に観葉植物を置くのではなく、仕上げを外壁と合わせるなどして、外のような雰囲気を演出することも大切だ。ここでは、屋内に鉢植えを植え込んで家のなかに木が生えているように見せつつ、室内外の仕上げでスギ板を用いて、より屋外の雰囲気を感じられるようにした。

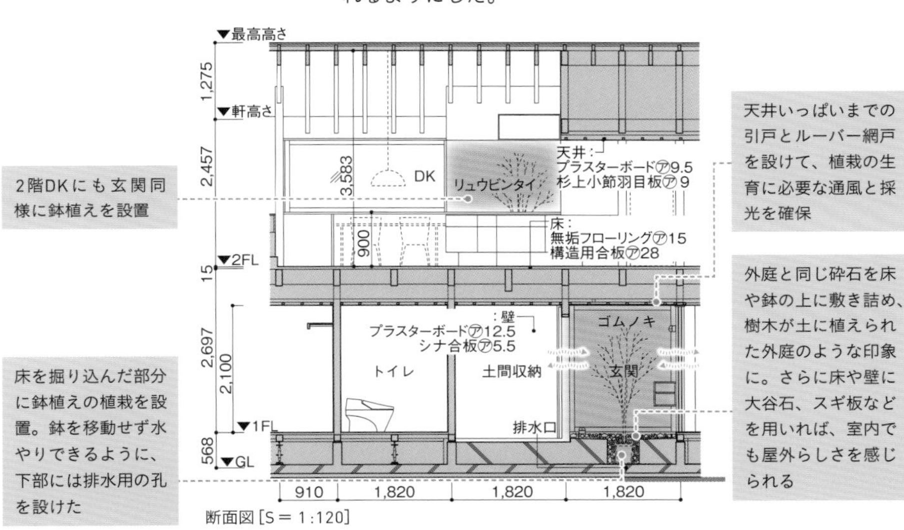

断面図［S＝1:120］

玄関ホールに植えられたゴムノキ。外庭と同じ石や床を鉢の上に敷き詰め、外庭のような印象に仕上げた

「松栄の家」所在地：滋賀県、設計：ハース建築設計事務所、写真：山田雄太

冬も緑を楽しめる家のなかの庭

寒冷地の冬期は屋外に出にくく、室内に引きこもりがち。ここでは中庭に屋根を設け、冬期でも屋内で緑が感じられる開放的な生活を可能とした。

家じゅうとつながる室内の中庭

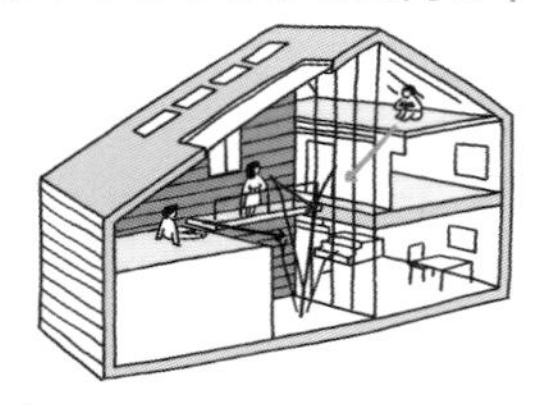

家の中心に置かれた中庭は、1階のリビング・ダイニング、2階の寝室、ロフトとつながる。開口を介して家じゅうで緑を眺められるだけでなく、各室の開口を開け放てば、中庭の温度を調節することもできる

植栽は寒さと乾燥に強いアオダモを採用。水はけがよいように、排水経路を確保しておく

中庭は吹抜けなので、中庭に接するLDK、水廻りは建具で区画。中庭は断熱的に外部扱いにして暖房コストを削減している。LDを開け放して一体的に使うことも可能

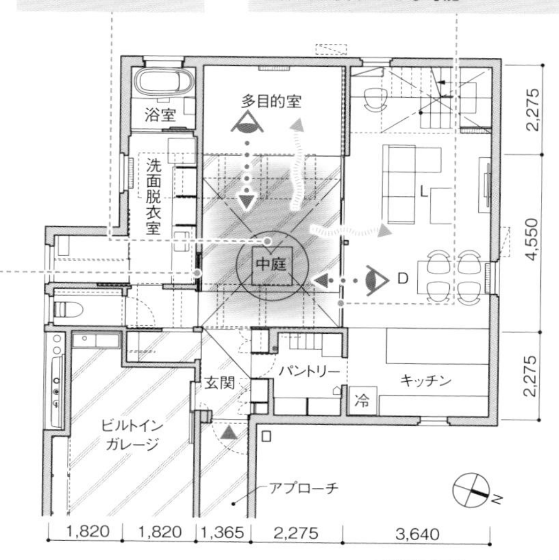

1階平面図［S＝1:200］

洗面脱衣室上部のロフトから、リビング・ダイニング方向を見る。吹抜けを介して中庭とつながり、室内にできた公園の一角のような印象となる

「猿払の家」所在地：北海道、設計：堀部太建築設計事務所、写真：佐々木育弥

中庭に面する壁にも外壁材を張れば、中庭は屋外のような印象が強まる

3階の縁側・バルコニー。室内からバルコニーまで続く格子天井が一体感を強調している

格子でバルコニーと屋内の関係性を強める

リノベーションに際し、既存のバルコニーを補強・拡張して庭にした。外壁側に組み上げた格子が外からの視線と強い日差しを適度にカットしつつ、庭と屋内を柔らかい一体感で包み込む。

バルコニーと屋内は、同じ60mm角のスギの格子天井にして一体感を強めている。格子のデザインをバルコニーと室内に用いて内外をまとめるのも一手

水勾配をとるためモルタルを増設し、人工土壌を入れてバルコニーを庭にした。既存時よりバルコニー部分の荷重が増えたため、垂木100mm角を150mmピッチで補強

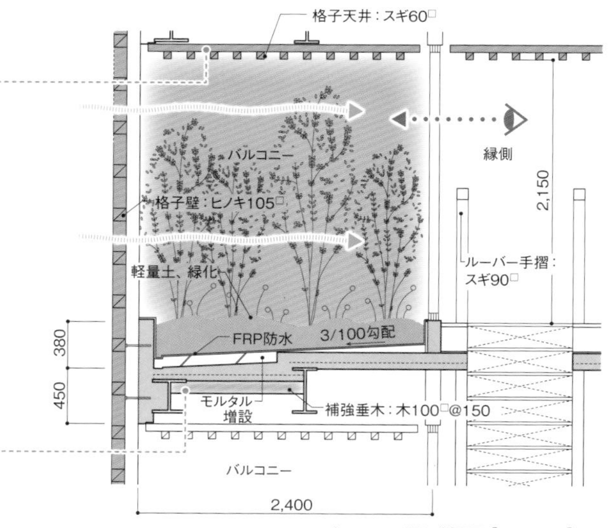

バルコニー廻り断面図［S＝1:60］

「格子庭の家」所在地：愛知県、設計：アトリエルクス、写真：志摩大輔

6章

外とつながるもうひと工夫

もうひと工夫

外壁の外に壁をもう一枚

外壁の外側に外周壁を設けるのは、特に都市部の住宅密集地で有効な手法です。外壁と外周壁の間は半屋外空間となり、季節や住まい手の意向に応じて、外的にも内的にも幅広い用途に使うことができます。屋根を架けなければ、この空間は建蔽率や容積率には不算入。それでありながら、内部空間の延長のようにも使える空間となります。最大のメリットは、プライバシーをしっかり守れること。また防火地域・準防火地域内の敷地では、外周壁を防火壁とすれば、そこで防火設備の規制をクリアできるので、外壁に設ける建具の選択の自由度が高まります。

配慮すべきことは、開口をどのように設けるかという点です。半屋外空間は、内と外がつながる開放性がなければ十分に機能しません。内部から半屋外空間へ、半屋外空間から外部への開口の大きさや配置は、慎重に検討しましょう。特に外部を望む開口部は、周辺環境の取り入れ方を十分に考慮しましょう。そうすることで、プライバシーを守る緩衝帯として機能し、温熱的にも心地よい内部空間の延長として生かせるのです。

［渡辺ガク］

目隠し用の壁が リビングを広げる

住宅密集地にあり、人通りの多い角地に建つ本事例。道路境界線と建物の間に目隠し用の外周壁を設け、建物との間に半屋外空間を設けた。この部分はアウターリビングとして屋内のように使えるため、敷地を境界線いっぱいまで活用できる。

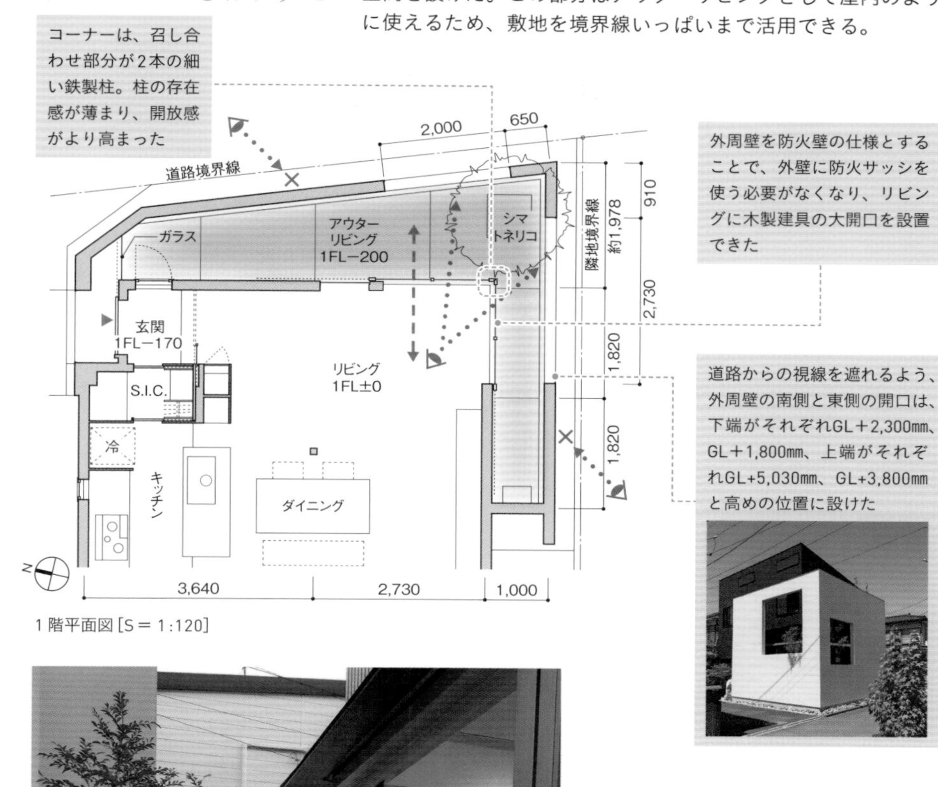

1階平面図［S＝1:120］

コーナーは、召し合わせ部分が2本の細い鉄製柱。柱の存在感が薄まり、開放感がより高まった

外周壁を防火壁の仕様とすることで、外壁に防火サッシを使う必要がなくなり、リビングに木製建具の大開口を設置できた

道路からの視線を遮れるよう、外周壁の南側と東側の開口は、下端がそれぞれGL＋2,300mm、GL＋1,800mm、上端がそれぞれGL+5,030mm、GL+3,800mmと高めの位置に設けた

アウターリビング。外部からの視線を遮りながらリビングの延長として使える、外のような内のような空間。採光と通風も得られるので、植物も育つ

 「Between」所在地：東京都、設計：g_FACTORY建築設計事務所、写真：渡辺ガク

外土間を外壁で囲う
内でも外でもない空間

敷地西側は開けているが、西日への対処や将来建物が建つ可能性を考慮する必要があった。そこで西側一面を覆う外周壁を設け、西日や視線をかわせる位置に開口を設けた。外壁と外周壁の間は半屋外の土間なので、季節に応じて内的にも外的にも使える。

開口を絞って内部で開く

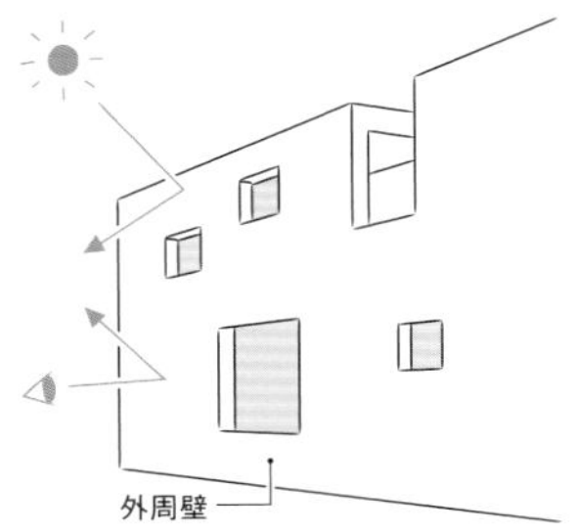

外周壁の開口を絞って日射や視線を制御することで、内部では全面開口の明るい空間を実現した

リビングには土間に面して全面ガラス戸を設けた。内外の連続性を感じられ、開放すれば土間とリビングを一体的に使える

天窓
890
10
5
4,020
1,734
572
居室
木製サッシ
1,500
ヒメシャラ
1,000
スノコ雨戸
2,800
リビング・
ダイニング
2,400
2,145
土間
キッチン
木製サッシ
▼1FL
365
600
200
▼GL
5,460
1,820

断面図［S＝1:100］

リビングから土間を介して外部を望めば、外周壁の開口で田園風景が切り取られ、外の景色をより近くに感じられる

土間の一部を室内側に取り込むことで、土間と室内の一体感が高まる

土間部分はGL＋400㎜と高めに設定。リビングとの距離が近づき、出入りしやすくなった

「外の部屋がある処」所在地：岐阜県、設計：g_FACTORY建築設計事務所、写真：上田宏

西側土間。天窓からの光や植栽などにより、内外の境界があいまいな空間となっている。写真奥の天井の開口部にはガラスが入っていないので、植物の生育に必要な風雨や採光も得られる

1階路地。上部に抜けた中庭や前面道路からの
間接光で柔らかく照らされた落ち着いた空間だ

外周壁のなかに「路地」をつくる

外周壁と2階床スラブはRC造、2・3階居室は木造とし、付近の河川が氾濫しても損害が最小限となるよう計画した。1階は小さな棟を分棟配置し、棟どうしの隙間を路地とした。路地は囲われた安心感がありつつ、光や風が抜ける空間となる。

外壁周のなかで分棟する

RC造の外周壁で耐力を確保したうえで、分棟配置すると、そのなかに建てた棟と棟の隙間が庭のような路地のような空間になる

1階の各棟には日常的に使う部屋は設けず、将来的に棟を増やしたり減らしたりできる可変性に富んだ空間とした

平面図［S＝1:300］

2階居室部分は木造。リビングに面して中庭を設けた。リビングの開口部には、採光を考慮して庇をつけていない。そのため、メンテナンス面からアルミサッシを採用している

「ROJI」所在地：愛知県、設計：アトリエルクス、写真：志摩大輔

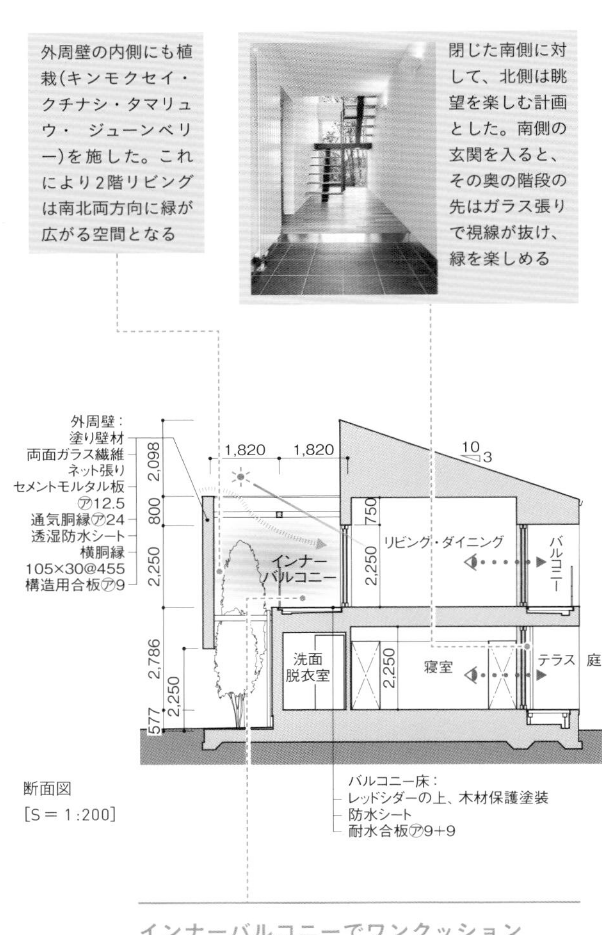

外周壁の内側にも植栽(キンモクセイ・クチナシ・タマリュウ・ジューンベリー)を施した。これにより2階リビングは南北両方向に緑が広がる空間となる

閉じた南側に対して、北側は眺望を楽しむ計画とした。南側の玄関を入ると、その奥の階段の先はガラス張りで視線が抜け、緑を楽しめる

断面図
[S＝1:200]

インナーバルコニーでワンクッション

外周壁から居室を後退させることで、南面を閉じつつ、季節に応じた採光と通風を確保した

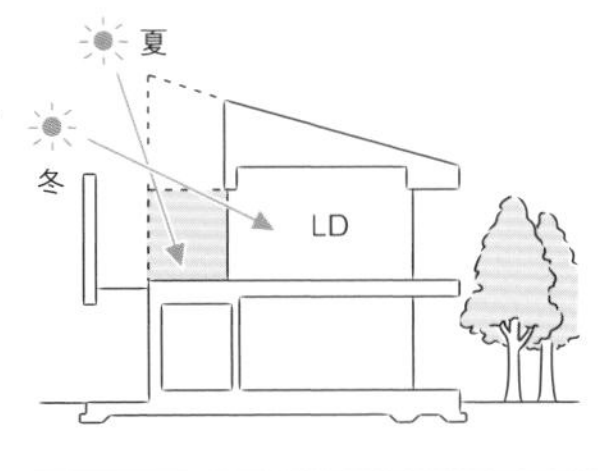

「国見ヶ丘の家」所在地：宮城県、設計：菊池佳晴建築設計事務所、写真：越後谷出

インナーバルコニーを 温熱的な中間領域に

本事例の敷地は、人通りの多い南面道路と接している。プライバシー確保のため、南側は完全に閉じ、2階リビングの南側には壁で囲われたインナーバルコニーを設置した。ここがリビングに採光と通風をもたらす温熱的な中間領域として機能する。

南側(写真左)のインナーバルコニーと北側開口(写真右)の両面で採光し、明るく開放的なリビングを実現

街とつながる
もう一枚の壁

腰かけられる場所には人が集まり、コミュニケーションが生まれる。本事例では、外周壁の一部をくりぬき、そこにベンチを設置することで、敷地の一部を外部に開いた。外周壁と居室部分の間には中庭を配し、居室側のプライバシーを確保している。

ダイニングから中庭・ベンチを見る。中庭に配したアオダモがワンクッションとなり、内部と外部との間にほどよい距離感を生み出す

ダイニングの開口部は全開口サッシとし、中庭との一体感を高めた。中庭の幅は2,730㎜と、ダイニングに居ながらベンチに座っている人と会話しやすい距離とした

中庭にはシンボルツリーとしてアオダモを植えた。採光・通風・灌水を考慮し、アオダモ上部の屋根には開口を設け、自然同様の生育環境としている

ベンチを設置して外部に開きつつも、中庭と外周壁の存在が室内と街との適度な距離感を確保している

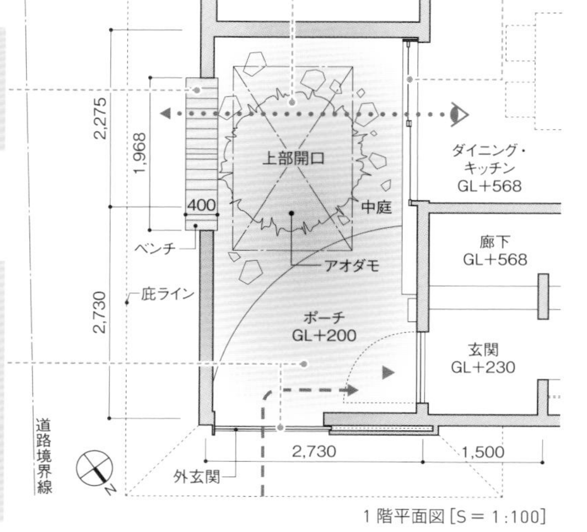

1階平面図［S＝1:100］

中庭を道路側に開いた外構（前庭）とすると、プライバシーの確保が難しい場合もある。ここでは外周壁に外玄関を設けて中庭とし、外玄関からポーチを通って玄関へと至る計画とした

「京町の家」所在地：滋賀県、設計：ハース建築設計事務所、写真：山田雄太

夏期の南東面外観。フレームで繁茂した植物の日射遮蔽・蒸散作用によって、涼感が得られる

緑の壁が生んだ 小さな外部空間

庭木を植えるスペースのない都市部の住宅でも緑を感じたいもの。本事例では、東と南の外壁の外側にネットを張った木製のフレームを設置し、ゴーヤーなどの蔓（つる）性植物を這（は）わせた。視線や日射を遮るスクリーンとして機能し、夏期には緑の壁となる。

フレームは窓枠に合わせて格子状にしているため、窓辺の延長としても使える。格子の横木に板を渡し、バルコニーや窓台として植木などを置けるほか、外側に簾（すだれ）を掛ければ目隠しや日除けにもなる。脱走防止ネットを張れば猫の居場所にもなる

木製フレームは、外壁から持ち出した金物に、ヒノキの角材をボルト固定したもの。フレーム天端にはポリカーボネート板に勾配をつけて設置

フレームと外壁の距離は550㎜程度。窓辺に緑が近づき、十分に外部の雰囲気を取り込める

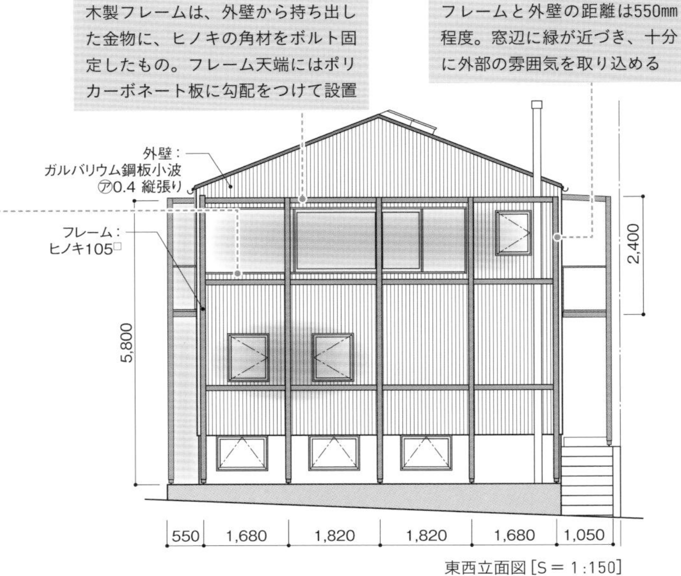

東西立面図［S＝1:150］

「壁面緑化の家」所在地：東京都、設計：木々設計室、写真：松原正明

もうひと工夫

床を下げて外とつながる

昔の住宅では、床レベルはＧＬ＋450㎜ほどに抑えられており、畳から縁側、濡れ縁、沓脱ぎ石から地面へと、雨仕舞いや使い勝手を考慮して素材や高さを徐々に変え、内から外へと緩やかにつながっていました。こうすることで、人は自然に外へと導かれていたのです。現代の住宅の床レベルはＧＬ＋550㎜程度が一般的で、外へ出るには少しおっくうな高さに感じられます。そこで、もう少し低いＧＬ＋200～250㎜ほどに下げた床を屋内につくれば、外とよりスムーズにつながることができます。フローリング床から、土間コンクリートや石などの外に近い素材へ、さらにテラスや外土間へ。このように段階的に地面に近づければ、外がより身近になります。

このとき、外と内の中間にある床は、裸足と土足、どちらでも対応できる素材が理想的です。木であれば厚さ30㎜以上の無垢板、石であれば白河石など硬めのものを選ぶとよいでしょう。モルタルはセメント粉が出やすいので、内土間では洗出し仕上げにするなど、快適な空間とするには仕上げにもひと工夫が必要です。

［松原正明］

庭とつながる
内土間

玄関の土間を室内まで延長し、リビングの無垢フローリング(スギ 厚さ30㎜)と段差なく連続させている。土間とLDの床レベルはともにGL＋309㎜。土間は庭へと続いており、室内に居ても庭を身近に感じられる。

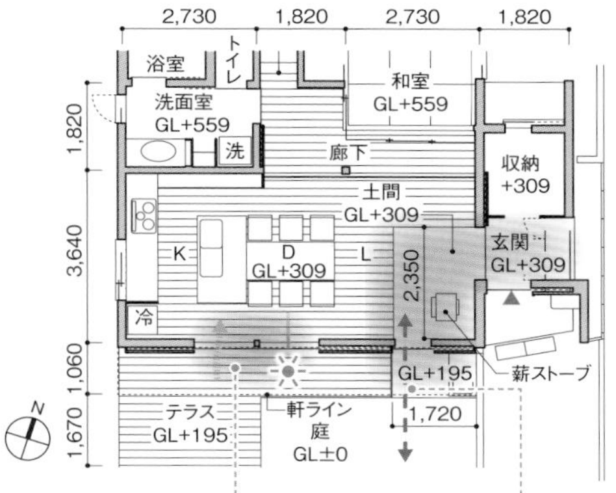

1階平面図
[S＝1:200]

ダイニングとテラスの高低差は100㎜程度。外に出やすく雨仕舞いにも不安のない高さだ

リビング・ダイニングの土間部分に薪ストーブを設置。薪が置いてある庭との高低差が小さいので出入りしやすく、薪の搬入も楽

土間は洗出し砂利仕上げ。モルタル仕上げよりも汚れが目立たず、室内にほこりが舞いにくい

「板土間の家」所在地：東京都、設計：木々設計室、写真：松原正明

リビングから寝室方向を見る。庭からキッチンまで、高低差をうまく利用して居心地よくなる工夫を施した。掘り込みに座れば、ほどよい籠り感を得ながら庭の景観を楽しめる

リビングを掘り込んで
視界を広げる

敷地南側の風景を取り込むため、大開口とテラスを設けた。リビングはテラスとフラットにつなげ、一部を250mm掘り込んでいる。このレベル差により、躍動的に広がる南側の竹林を室内から見上げられるようにしている。

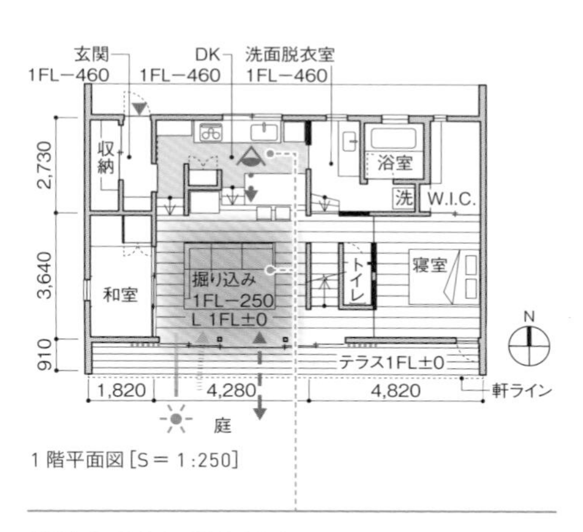

1階平面図［S＝1:250］

目線の高さにひと工夫

ダイニング・キッチンにもひと工夫。キッチンの床高さを460mm下げることで、庭に居る人やリビングの掘り込みに座っている人と目線の高さが合致する

開口幅5,150mmの連窓はすべて引込み開放できる

「桜小路の家」所在地：山形県、設計：井上貴詞建築設計事務所

上階リビングからは眺望が楽しめ、ダイニング(写真左)は地面近くで落ち着いた雰囲気を味わえる

上階のリビングに大開口を設けている。下方に隣家があるが、視線は遠くに抜けるのでぶつかり合うことはない

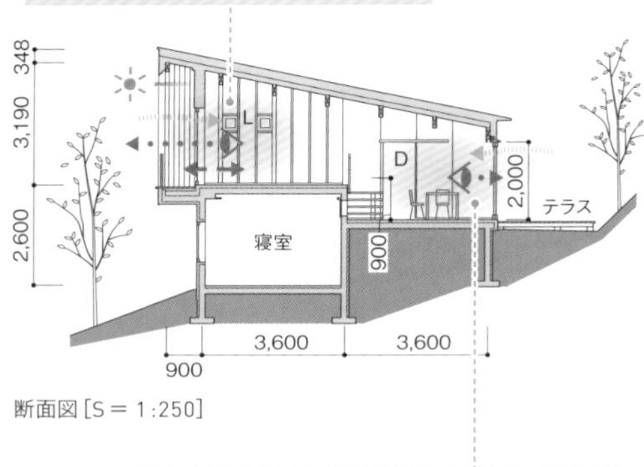

断面図[S＝1:250]

もぐり込むような高低差

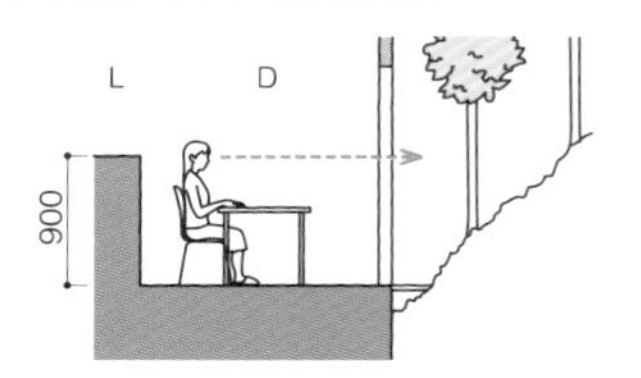

2階リビングから900mm下げた位置にダイニングを設けている。目線の高さを下げたことで地面が近くなり、開放的なリビングとは対照的に穴ぐらに入ったような籠り感のある空間になった

「森を楽しむ家」所在地：北海道、設計：照井康穂建築設計事務所、写真：酒井広司

斜面を利用して居心地に変化を

斜面に建つ家は敷地の高低差を利用してスキップフロアにし、部屋ごとに景色の見せ方を変えるとよい。斜面に向いた開口部からは落ち着きを感じ、反対側は開放感を得られる。1つの住宅のなかでまったく異なる印象をつくり出すことができる。

雑木林のなかに建つリビング側外観。自然から得られる落ち着きと開放感を家のさまざまな場所で享受できる、立地を最大限に生かした住まい

空中庭園のような雰囲気のアウターリビングと庭。
サッシ際まで敷き詰められた砂利と植栽が、室内と庭の距離感をぐっと近づける

バルコニーを緑あふれるリビングに

周囲を建物に囲まれたマンションでも、豊かな自然や大地を感じることは可能だ［※］。ここでは奥行き約1.5mの既存バルコニーを約3.4mに拡張し、庭とアウターリビングを設けた。庭は高木も植えられるように、軽量人工土壌を深さ400㎜程度入れ、植栽を地植えのように見せている。

庭のグランドレベルから650㎜掘り込んでアウターリビングを設置。地表面と視線の高さを近づけ、庭との一体感を強めている

砂利をサッシ際まで敷き詰めることで室内外の境界をあいまいにしている

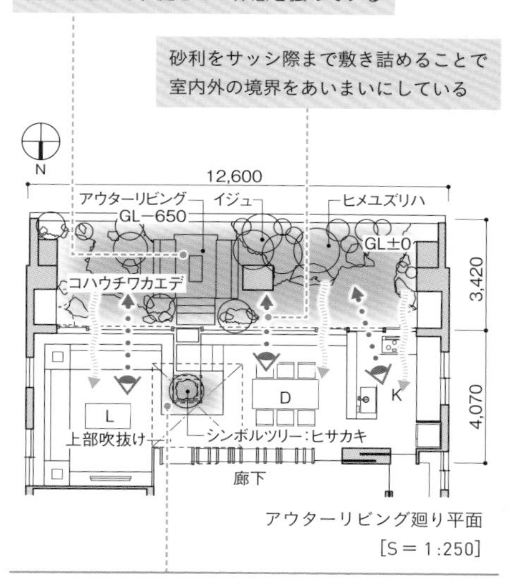

アウターリビング廻り平面
［S＝1:250］

庭にたたずむ

庭のグランドレベルと家具の天端をそろえ、屋内と庭の一体感を強調。庭の一部を掘り込んだアウターリビングとともに、室内全体が庭のなかに埋もれたような空間となっている

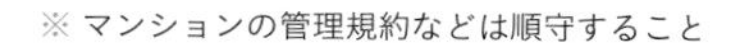
※ マンションの管理規約などは順守すること

 「町×apartment」所在地：広島県、設計：UID、写真：ナカサアンドパートナーズ

もうひと工夫

建物の凹凸を庭で埋める

各部屋を整然と隙間なく配置するのではなく、ゾーニング段階でできる限りずらしたり離したりすると、空間に隙間が生まれます。一見無駄にも思えるこの隙間が、生活に楽しみや潤いを与える半屋外空間となります。ある程度広い敷地が必要になりますが、コートハウス、凸型の住宅、分棟の住宅は、周辺環境の影響を受けにくく、プライバシーの守られた半屋外空間をつくるのにお勧めです。

ただし、単に中庭やテラスをつくればよい、というわけではありません。テラスはどのように利用するのか。中庭の景色をどのように内部に取り込むのか。季節・気候・天気を考慮し、半屋外空間が通風・採光にどう影響するのかを十分に検討しなければなりません。ほとんどの場合、半屋外空間は内部の1つ手前のレイヤーになります。このレイヤーを通した日射・通風を多角的に検討し、開口部と屋根形状を設計します。分棟計画の場合は、建物と建物の距離も重要です。また、半屋外と屋内の空間のバランスを整えるため、両者の連続性やグラデーションを大切にして仕上げ材の選定を行いましょう。

[宇佐見寛]

各室とつながる
プライベートな中庭

街を見渡せる高台の敷地や、公園の木々がよく見える敷地の場合、その好条件を生かして建物を外に大きく開きたくなるもの。しかし住まい手にとっては、敷地内に落ち着きを感じさせる景色が必要なこともある。中庭を設けて建物で囲えば、落ち着いた、プライベートな半屋外空間をつくることができる。

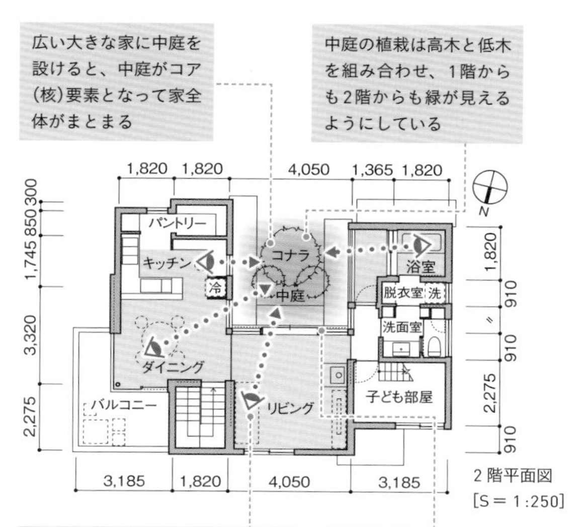

リビングから中庭を見る。中庭の大谷石の床はメンテナンスが不要で、デッキ材に比べ夏に温度が上がりにくい。表面に苔が生えるとしっとりとして庭になじむ

「成田西の家」所在地：東京都、設計：熊澤安子建築設計室、写真：西川公朗

2棟の間を
風が通り抜ける

小高い丘の上に建つ住宅。強い日差しを遮る深い軒と、谷から吹き上げる風の通り道を設ける必要があった。そこで建物を2つに分け、その間にくつろぎの場となる半屋外空間を設けた。

1階テラス部分の外壁をセットバックさせて、壁と天井に囲われた安心感のある半屋外空間とした。奥行きが2間（3,640㎜）あるので、天候に左右されずに利用できる。裸足で遊んだり、バーベキューを楽しんだり、大きな物干し場としても重宝する

建物の両脇に個室や水廻りを集約し、その間を広々としたホールでつなぐ

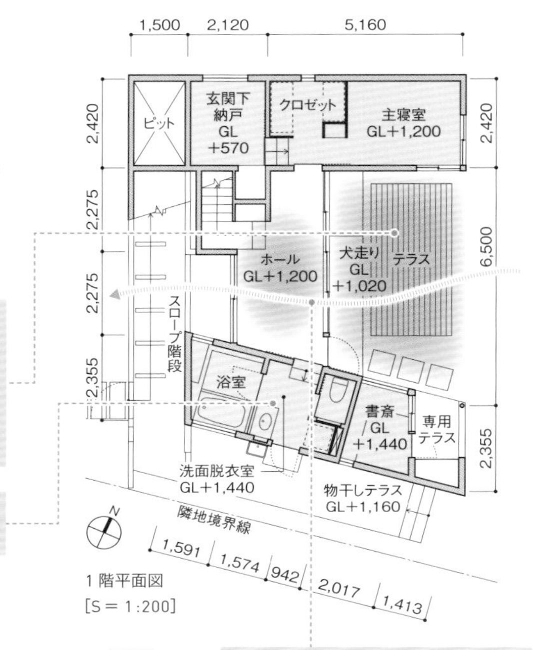

1階平面図
[S＝1:200]

1階ホールの真上に位置する2階LDK。バルコニー・キッチンの両側から光と風が入り込む明るく開放的な空間だ

テラスはウッドデッキと左官仕上げの壁で落ち着いた雰囲気に。上階には壁・天井に囲われたバルコニーを設けた

「山名の家」所在地：群馬県、設計：佐藤・布施建築事務所、写真：黒住直臣

中庭に面するLDKの開口は、ペアガラス入りの木製引込み戸。気密性能を補うため、室内側に断熱性能の高い両面張りの障子戸を設けた

雪でも平気なコの字プラン

多雪地帯で中庭をつくると、雪の処理が問題となりやすい。ここでは建物形状をコの字形にし、中庭には屋根に積もった雪が落ちてこないよう、屋根の雪が建物外周に落ちる形状とした。温暖な季節には、中庭に向かって開口を全開にできる。

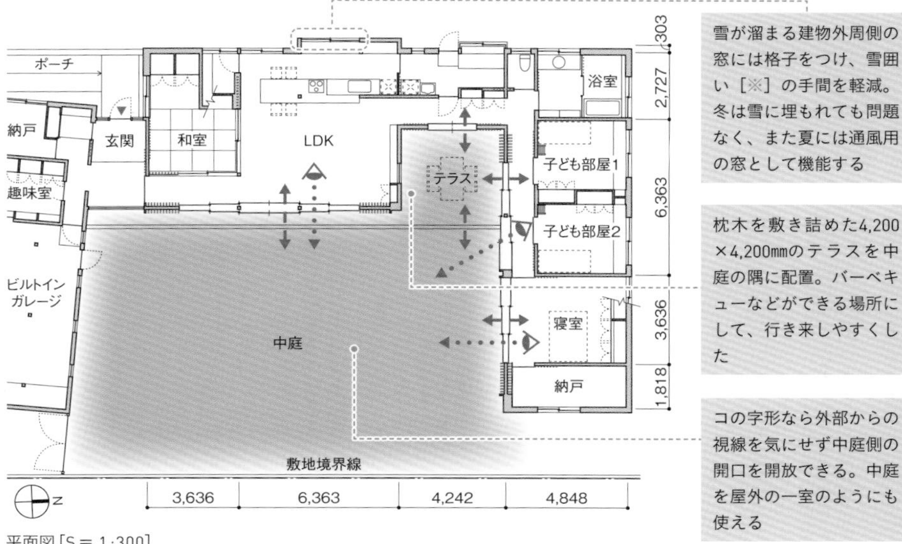

雪が溜まる建物外周側の窓には格子をつけ、雪囲い［※］の手間を軽減。冬は雪に埋もれても問題なく、また夏には通風用の窓として機能する

枕木を敷き詰めた4,200×4,200㎜のテラスを中庭の隅に配置。バーベキューなどができる場所にして、行き来しやすくした

コの字形なら外部からの視線を気にせず中庭側の開口を開放できる。中庭を屋外の一室のようにも使える

平面図［S＝1:300］

※ 積雪や屋根からの雪で建物が破壊されるのを防ぐため、建物の周囲に設置する囲いのこと。雪垣ともいう

「横手の家」所在地：秋田県、設計：木曽善元建築工房、写真：木曽善元

中庭の緑が内部から認識しやすいよう、地面に
傾斜や凹凸をつけて、庭を立体的に見せている

傾斜のついた庭を 2つの重なる屋根が覆う

建物を1つの大屋根で覆うのではなく、あえて隙間をつくったり高さに変化をつけたりすると、バリエーションに富んだ魅力的な空間となる。ここでは高さを変えた2つの切妻屋根を重ね合わせ、その軒下に中庭をつくった。通風・採光が確保された緑豊かな空間が、屋内外から楽しめる。

屋根を1,500㎜重ねて半屋外空間に

屋根が重なり合う中庭は、天候の影響を受けにくい半屋外空間として利用可能。リビングと子ども部屋をつなぐ空間としても機能する

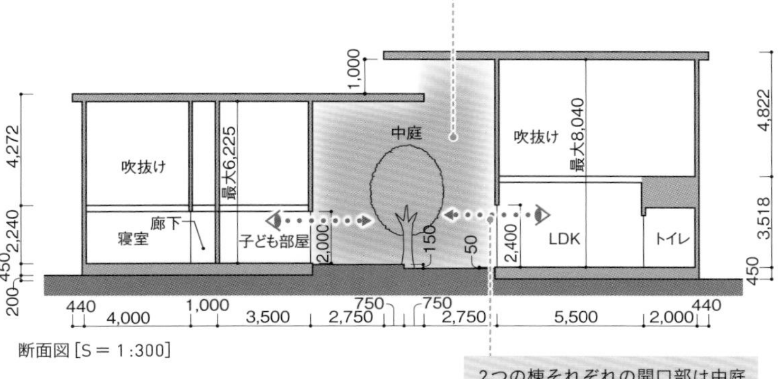

断面図［S＝1:300］

2つの棟それぞれの開口部は中庭に向いているので、外部からの視線は入らない。また中庭の植栽が、それぞれの棟からの視線を緩く遮る役割も担っている

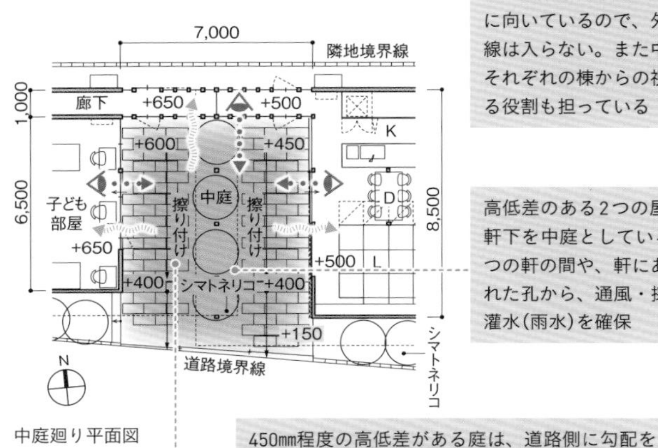

中庭廻り平面図［S＝1:300］

高低差のある2つの屋根の軒下を中庭としている。2つの軒の間や、軒にあけられた孔から、通風・採光・灌水（雨水）を確保

450㎜程度の高低差がある庭は、道路側に勾配をとって擦り付けた。居室からは自然を切り取ったような立体的な庭の姿が、視野に飛び込んでくる

 「重ね切妻の家」所在地：岐阜県、設計：アトリエルクス、写真：志摩大輔

外玄関から土間を見る。吹抜けから
光を浴びる植栽(シマトネリコ)が開
放感と清涼感をもたらす

吹抜けの隙間から木漏れ日が入る

住宅密集地の3階建て狭小住宅。建蔽率いっぱいに壁を立て、内部空間の広がりとプライバシーを確保した。3階から2階バルコニーを介して1階土間まで、層ごとに形状の異なる外部吹抜けがつながり、採光を得ている。

一見閉じた印象の外観

各階の吹抜けを少しずつずらす

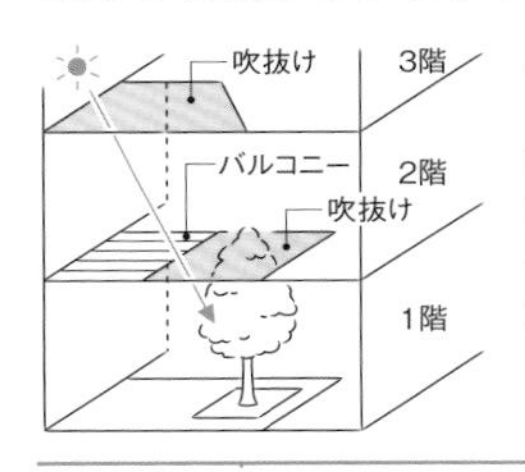

上下階で形状の異なる吹抜けをずらして配置し、風や光が1階まで抜ける隙間をつくることで、高さ方向に広がりを感じられる空間となった

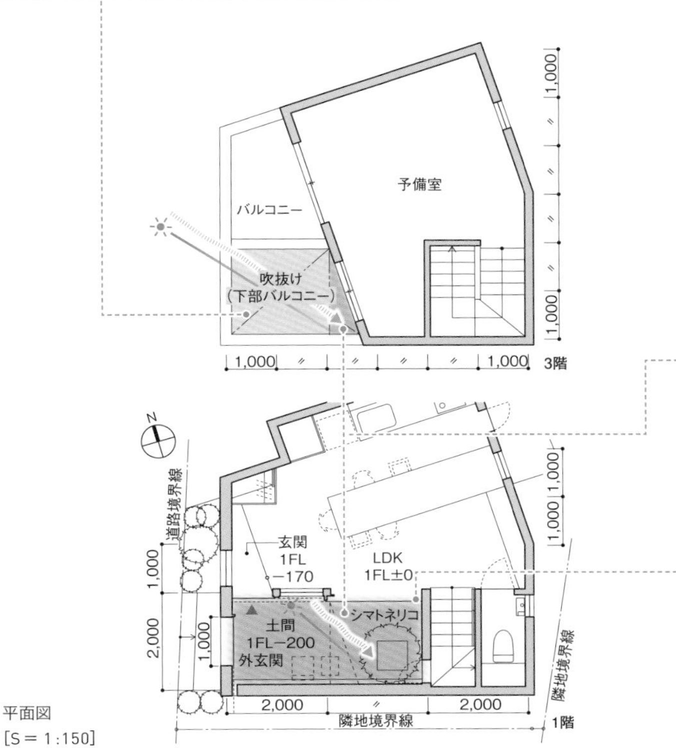

平面図
[S＝1:150]

植栽を配した1階土間は、中庭を兼ねている。上部の吹抜けから光・風・雨水が入り、自然に近い生育環境となっている

土間に面した1階LDKの開口は引込みの木製ガラス戸にして、全開にすることが可能。開け放てばLDKと土間が一体になり、広々とした開放感のある空間となる

 「白山の小庵」所在地：東京都、設計：g_FACTORY建築設計事務所、写真：上田宏

いろんな方向に
凹凸と隙間をつくる

用途ごとに分けた棟をレベル差をつけて配置し、大屋根で覆った。棟と棟、棟と大屋根の間は、天候に左右されない半屋外空間となっている。大屋根は部分的に抜いたり、透過性のある素材を使用したりして、積極的に外部を取り込んだ。

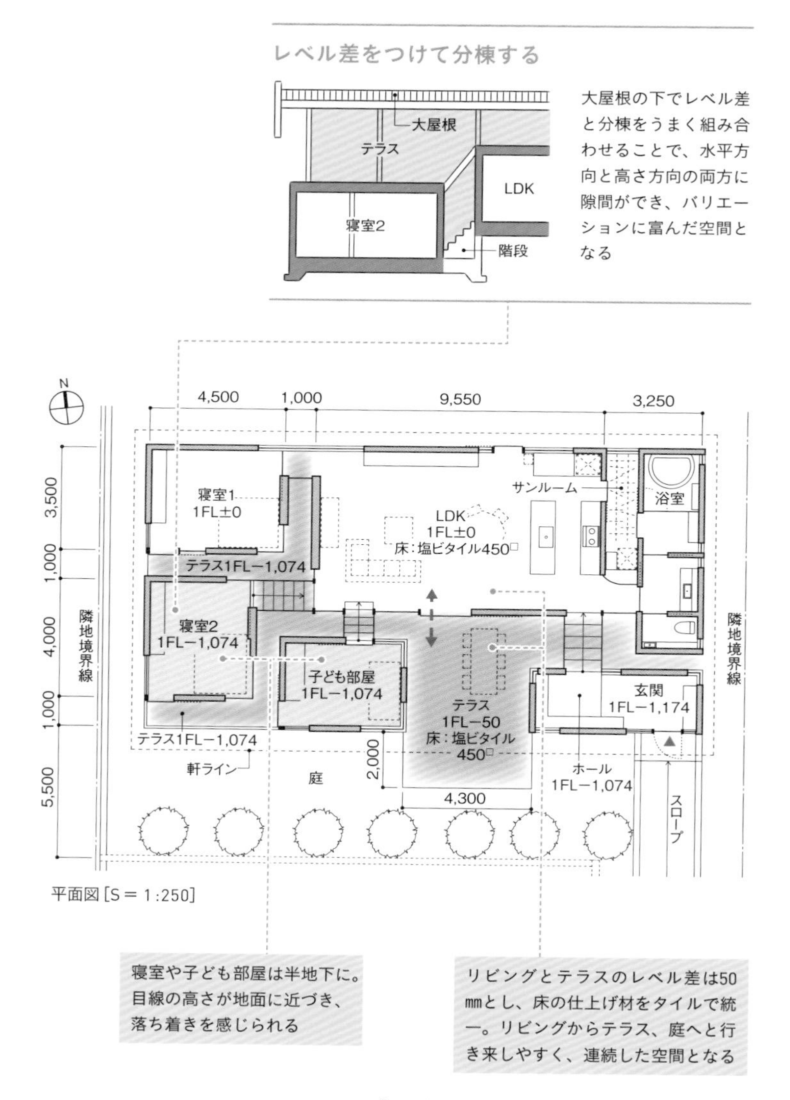

平面図［S＝1:250］

寝室や子ども部屋は半地下に。目線の高さが地面に近づき、落ち着きを感じられる

リビングとテラスのレベル差は50㎜とし、床の仕上げ材をタイルで統一。リビングからテラス、庭へと行き来しやすく、連続した空間となる

「おおきなかさの下で」所在地：愛知県、設計：アトリエルクス

リビングから庭方向を見る。ほどよく光が入り、落ち着いた印象

テラスから子ども部屋を見る。子ども部屋と大屋根の間は天井高約1,400㎜の半屋外空間

プライバシーに配慮して南・北・西面は閉じた一方、川のある東面にテラスを設けて大きく開いた

L字形テラスで
庭との距離を近づける

川沿いに建つ平屋である。川側のテラスを、植栽を囲むようにL字形に配することで、外部が内部に入り込んだような印象となる。屋根には、木が突き抜ける位置に開口を設け、木がもとからそこに生えていたかのような自然なたたずまいを演出した。

テラスの形状にひと工夫

テラスの一部をL字形に切り欠き、そこに植栽を配して緑を建物に近づけた

テラスをFL＋1,000mm程度と高い位置に設けたことで、テラスからの眺望が良好になった。また、居室からはテラスが仮想の地面のように見え、地面に囲まれたような安心感を得られる

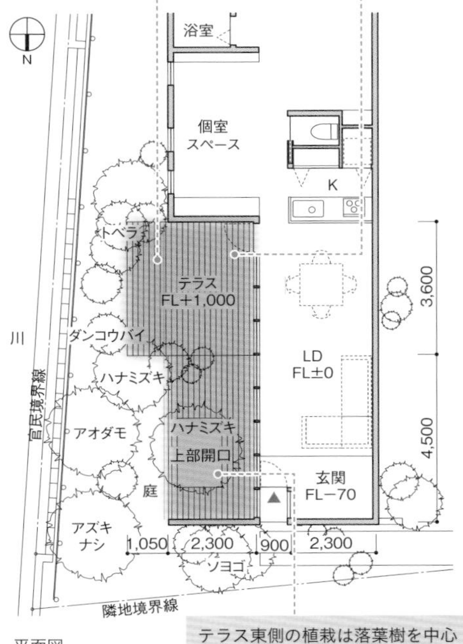

平面図
[S＝1:200]

テラス東側の植栽は落葉樹を中心に構成し、冬は居室に十分な日射を採り込めるようにした

 「河内長野の家」所在地：大阪府、設計：arbol、写真：下村康典

付録 屋内でも育ちやすい植栽図鑑

屋内緑化の実現には、採光、通風、排水、植栽に十分なスペースの確保が必須。植物の選定や日々のメンテナンス、定期的な植え替えなども不可欠です。

植物の種類は、屋内は直射日光が当たらないうえ照度が少ないので、耐陰性のある植物を選びましょう。また、落葉樹は室内ではうまく育たないことが多いので常緑樹がお薦めですが、植え替えを前提とするなら落葉樹でも可能です。屋内緑化は、植物を成長させるのではなく、よい状態で長く維持することが重要なので、土壌性質が変化しない無機質土壌を用いるとよいでしょう。有機物を含まないため、虫の発生やにおいの問題が生じにくくなります。

ここに挙げた植物は屋内でも比較的長持ちしますが、枯れないわけではなく、少しずつ樹形が崩れる場合も。屋外の庭よりも日々の手入れに手間がかかり、枯れるリスクもあることを理解したうえで取り組みましょう。［荻野寿也］

サザンカ（ツバキ科）

【花期】10月～1月【性質】常緑高木【原産地】日本

12月ごろが開花の最盛期。ツバキに似ているが、花弁がばらばらに落ち、葉がやや小さいといった違いがある。和名は、中国語でツバキ科の木を「山茶」といい、その花を「山茶花」と称したことに由来する。日なたでも日陰でも育つ

アオキ（アオキ科）

【花期】3月～5月【性質】常緑小低木【原産地】日本

日本特産の植物でアオキバともいう。あまり木姿が荒れないので、剪定は古葉を落とす程度でよい。耐陰性が高く、直射日光が当たらない場所でも生育する。半日陰の肥沃な湿潤地を好むが、幅広い環境で生育する。乾燥には弱いので注意

ナンテン（メギ科）

【花期】6月【性質】常緑低木【分布】日本の中部以南の山地　正月の床飾りなどにも利用される常緑低木。病害虫に強く乾燥にも強い。湿気のある半日陰が生育にはベストな環境。根が浅いため土壌が乾きすぎないように注意。剪定は古葉を落とす程度でほとんど必要ない

セイヨウシャクナゲ（ツツジ科）

【花期】3月～6月【性質】常緑低木【分布】本州、四国、九州　原産は中国。石の間に生えてくること、南向きの土地で育ちやすいことから石南花と名付けられた。生育が難しいシャクナゲを改良したもの。日本ではかつて神霊が宿る木とされ、枝を門前に挿して家内安全を願う風習があった

ハマヒサカキ（モッコク科）

【花期】11月～12月【性質】常緑低木【原産地】日本、東アジア　風当たりの強い海岸林で、密な林冠を構成する植物の1つ。名前も海岸のヒサカキの意味である。同属のヒサカキより葉が丸く、分厚く、光沢があり、乾燥などに強い。成長は遅いので剪定の手間が少なくて済む。萌芽力があり、病気、虫にも強い

マツラニッケイ（クスノキ科） 別名：イヌガシ

【花期】3月～4月【性質】常緑小高木【分布】本州（関東南部以西）、四国、九州、沖縄　クスノキやヤブニッケイに似て3本の目立った葉脈があり、枝先にやや輪生状につく。冬から早春にかけて赤紫色～赤褐色の小花が集まって咲く。樹形を維持するため、西日を避けて植える

ヤブツバキ（ツバキ科）

【花期】11月～4月【性質】常緑小高木【分布】本州以南、東アジア　ヤブツバキはツバキの野生種。日陰に強く暑さ寒さにも強い丈夫な木。乾燥のしすぎに注意して管理する。定期的な葉水で汚れを落とすことで、艶のある照り葉がより美しく見える

コツボゴケ（チョウチンゴケ科）

【性質】常緑性【原産地】日本　透明感のある草姿が美しい苔。低地から山地のやや日陰の湿った地上や岩の上などに見られる。湿潤な環境を好むが、乾燥にもさほど弱くはなく、比較的丈夫。苔玉や苔庭としてもよく取り扱われる

ハクサンボク（レンプクソウ科） 別名：イセビ

【花期】4月～5月【性質】常緑低木【分布】本州（山口）、九州、沖縄、台湾　大きめの青々とした照り葉が魅力の常緑樹。春には星を散りばめたような白い花を咲かせ、秋には真っ赤な実をつける。乾燥に弱いため、日ごろから葉水を与える

ヒサカキ（モッコク科）

【花期】3月～5月【性質】常緑低木【分布】日本の東北以南　サカキと同様に、多くの地方で神様や仏様に供えられている。サカキに比べて小型なので「姫サカキ」、それが「ヒサカキ」と呼ばれるようになった。萌芽力が強く、葉がよく茂り、日当たりのよい場所から日陰まで場所を選ばず植えることができる

マルバシャリンバイ（バラ科）

【花期】5月～6月【性質】常緑小高木【分布】本州（中南部）、四国、九州、台湾　シャリンバイの変種で葉は丸みがあって艶がある。暖地に適し、潮風に耐え、日陰にも強く砂質土を好む。乾燥や大気汚染に強いことから、道路脇の分離帯などにも植栽される

オニヤブソテツ（オシダ科）

【性質】常緑多年草【原産地】日本、中国、インド　海岸の崖地などに生育しており、幼苗期のソテツに似た姿で草本性のシダ。潮風や乾燥などの厳しい環境下でも青々とした葉を見せてくれる。葉軸が太いので多肉植物の雰囲気もある。寒さに強く、日なた、日陰どちらでもよく育つ

 写真：荻野寿也・ガーデン和光

タニワタリ(チャセンシダ科)　別名：アスプレニウム

【性質】常緑多年草【分布】アジア、太平洋諸島、伊豆諸島、紀伊半島、九州(西部・南部)、沖縄　世界に約700種あり、日本にも分布。漢字での表記は「谷渡」。鉢ものの観葉植物としても人気がある。樹幹などに着生して大きく育つ着生種なので、比較的少ない用土でも楽しめる

センリョウ(センリョウ科)

【花期】6月〜7月【性質】常緑低木【分布】日本　マンリョウと並んで、特に正月の生け花や寄せ植えなどによく使われる縁起木。センリョウはセンリョウ科、マンリョウはヤブコウジ科に属し、実のつき方が違う。肥料をほとんど必要としない。土壌の極端な乾燥を避けるとよい

ツルコウジ(サクラソウ科)

【花期】6月〜8月【性質】常緑低木【分布】本州、四国、九州　暖地の林下に生える小低木。枝は長く這い、部分的に輪生状に2個から数個の葉をつける。果実は直径5〜6㎜の球形で、12月ごろ赤く熟す。ヤブコウジに似ているが、葉や茎に長毛があり、茎が長く匍匐する点、鋸歯[※1]が粗い点で区別できる

チャラン(センリョウ科)

【花期】4月〜6月【性質】常緑低木【原産地】中国南部　中国南部原産。江戸時代に日本に伝えられた。光沢のあるチャノキに似た葉がかわいらしい植物。小さな花が穂のようにつき、花が咲くとよい香りがする。丈夫で育てやすい

ハラン(キジカクシ科)

【花期】4月〜5月【性質】常緑多年草【分布】中国、南西諸島　中国原産の多年草で、バランともいう。濃い緑色の光沢のある葉が美しく、香りもよいので、のこぎり型の切れ目を入れて、寿司や刺身など日本料理の彩りに使われる。暗い日陰にも耐え、放っていてもよく育つ。茂りすぎた場合は剪定して透かすとよい

ツワブキ(キク科)

【花期】10月〜11月【性質】常緑多年草　海岸地帯ではフキと呼ばれ、葉柄を煮つけにして食べる。本来のフキはミズフキと呼ばれている。丸い光沢のある大きな葉が特徴で、黄色い斑の入った種や、白の濃淡の斑をもつ美しい品種もある。日なた、日陰どちらでもよく育つ

ヤブランギガンチア(キジカクシ科)

【花期】8月〜9月【性質】常緑多年草【分布】本州、四国、九州
水はけがよく、適度に湿気のある土を好むが、乾燥した場所でもよく育ち、ほとんど手入れのいらないグランドカバー。細長く濃い緑色をした葉は、常緑でいつも美しく、9月には紫色の花が咲く

ベニシダ(オシダ科)

【性質】常緑多年草【分布】日本(本州以南)、東アジア南部　本州・四国・九州の森林などに生育するシダ植物。春の新芽は全体的に紅色を帯びるが、緑葉に変化後も光沢があり観賞できる。ある程度の暑さ寒さには耐性があり、丈夫で育てやすい。日なたでも日陰でも生育可能。湿気のある場所を好む

※1 葉や花弁の縁にあるのこぎりの歯のようなぎざぎざの切り込み

付録

軒下でも育ちやすい植栽図鑑

軒下や日陰は、雨がかからないため、植物を植えただけでは枯れてしまいます。散水設備などによる水やりが必要となるので、雨樋を水やり用に分岐させたり、水やりの自動化や雨水の再利用を検討するなど、日常的な水やり方法を植栽計画に入れておきましょう。

日照を好み成長の早い植物などは、建物の近くに植えると、枝や根が建物にぶつかる、軒樋に葉が詰まるなどの影響が出やすいです。建物の近傍にはソヨゴなど成長が穏やかな小高木や、背丈ほどの高さの低木を選ぶとよいでしょう。落ち葉による樋の詰まり対策としては、落葉時期の重点的なメンテナンスと、横樋を掃除しやすい形状にして縦樋には落ち葉が入らないよう工夫するのがよい方法です。

ここで挙げた植物は、日陰や建物際でも植えられる植物ですが、軒下では雨水がかかりにくく乾燥しやすいので、日ごろの水やり方法も検討しておきましょう。［荻野寿也］

クロキ（ハイノキ科）

【花期】3月～4月【性質】常緑小高木【分布】南関東以西の海岸付近　樹皮は黒褐色で、和名「黒木」の由来となっている。秋ごろに鳥がついばむ黒い果実が実る。手入れは樹形が乱れたら剪定する程度でよい

アセビ（ツツジ科）

【花期】3月～4月【性質】常緑低木【分布】本州（東北南部以南）、四国、九州
明るい日陰が適しているが、強光や暗い場所にも耐える。枝葉が密生し、病害虫にも強く、手入れもさほど必要ない。夏場の水やりは十分に行う。春に白や桃色の壺形の小花を穂状に下垂させる

シロヤマブキ（バラ科）

【花期】4月～5月【性質】落葉低木【分布】本州（広島、岡山）、朝鮮半島、中国
花が白色で、全体がヤマブキに似ているのでシロヤマブキというが、ヤマブキとは別属。花の期間はやや短め。徒長枝［※2］やひこばえ［※3］は付け根で間引いて、樹形を維持する

コハウチワカエデ（カエデ科） 別名：イタヤメイゲツ

【花期】4月～5月【性質】落葉高木【分布】日本　ハウチワカエデの花は赤だが、コハウチワカエデの花は淡黄色。葉の色づき方は、緑、黄、赤と、葉1枚ごとの色が異なり、さらに1枚の葉が半分ずつ色づくことも。初夏からは、カミキリムシが卵を産み付けないように注意する

※2 幹や太い枝から上に向かって、真っ直ぐに長く太く伸びる枝｜※3 樹木の根元にある不定芽から出る徒長枝

写真：荻野寿也・ガーデン和光

ソヨゴ（モチノキ科）

【花期】6月～7月【性質】常緑小高木【分布】日本（中部以南）、中国、台湾　日なたから日陰まで適応力が高く、耐寒性もある。秋に長い花柄の先に真っ赤な実をまばらにつけ、葉とのコントラストが非常に美しい。樹形があまり乱れないので、枝抜き程度で自然樹形を保つ

ナツハゼ（ツツジ科）

【花期】5月～6月【性質】落葉低木【分布】北海道～九州　山地や丘陵地に自生し、半日陰で美しく育つ。果実は甘酸っぱく日本のブルーベリーともいわれる。暴れた枝ぶりが雑木とよく合う。根をあまり乾燥させないようにする。特に植え付け時は水をたっぷり与える

ミツマタ（ジンチョウゲ科）

【花期】3月～4月【性質】落葉低木【分布】中国中南部
中国原産で、17世紀以前に渡来したといわれている。枝がすべて3本に分かれることが名前の由来。葉をつける前に黄色やオレンジ色の花を枝先につける。水のやりすぎによる根ぐされに注意。手入れの必要はほとんどなく、樹形は自然に整う

オシダ（オシダ科）

【性質】常緑（寒冷地では夏緑性）多年草【分布】北海道、本州、四国
やや大型のシダ植物。温帯の林下にしばしば群落をつくる。根茎は太くて直立し、多数の葉を漏斗状につける。根茎を干したものを家畜の寄生虫駆除に利用していたといわれている

ジンチョウゲ（ジンチョウゲ科）

【花期】3月～4月【性質】常緑低木【分布】中国中部
早春、花とともに芳香が喜ばれる。寒冷地では育ちにくく、長時間強い日光に当たると生育が悪くなる。明るい日陰で水はけのよい乾き気味の土壌を好むが、乾燥しすぎに注意。樹皮の繊維は強靭で、和紙の原料にもなる。暗い場所では花付きが悪くなる

ドウダンツツジ（ツツジ科）

【花期】4月～5月【性質】落葉低木【分布】四国　壺状に釣り下がって咲く愛らしい花を、灯明台（灯台）にたとえた灯台躑躅（ドウダンツツジ）。日当たりのよいところに植えると紅葉も楽しむことができる。夏場の乾燥のしすぎに注意。剪定は枝を付け根から間引く程度で抑える

ハイノキ（ハイノキ科）

【花期】4月～5月【性質】常緑小高木【分布】近畿以西～九州　暖地に自生する山の木。花びら5枚の白い花が樹冠いっぱいに咲く。雄しべは非常に長い。繊細な枝葉をもち、シンボルツリーとして人気がある。夏から秋にかけて黒紫色に熟す実は、野鳥の食糧に。常緑樹では珍しく柔らかな樹形が特徴

アジュガ（シソ科）

【花期】4月～5月【性質】常緑多年草【分布】ヨーロッパ
日本に自生するジュウニヒトエの仲間。ロゼット状[※4]の葉で地表を覆う。品種は多く、葉色は緑、赤紫、赤紫に黄斑入り、白などがあり、青紫の小花が穂状に咲く。親株から伸びたランナー[※5]の先に子株をつけ、一斉に花を咲かせる

※4 地表に葉が平らに並ぶ状態｜※5 地上近くを這って伸びる茎のこと

クリスマスローズ(キンポウゲ科)

【花期】2月〜4月【性質】常緑多年草【分布】ヨーロッパなど　花の少ない冬場に清楚な花を咲かせ、地面を彩る貴重な存在。午前中に太陽の光が差し込む半日陰が最適な場所。傷んだ花や古葉を切り取って株元をすっきりと見せ、日当たりをよくすることで、病気を予防し健康な株に育つ

キチジョウソウ(キジカクシ科)

【花期】8月〜10月【性質】常緑多年草【分布】日本、中国
半日陰地のグランドカバーに好適。短い花茎が出て淡紅紫色の花をつける。晩秋のころ赤い実がなるが、観賞するのは主に葉。「吉祥草(キチジョウソウ)」の名の所以は、これを植えている家に吉事があると花が咲く、との伝説から

シラン(ラン科)

【花期】4月〜5月【性質】多年草【分布】関東以西の山野　古くから観賞用に栽培されていた。関東以西の山野に、まれに自生している。和名「紫蘭」の由来は紫紅色の花の色から。観賞用に、花の色が白いもの、斑入りのもの、淡色花、花弁が唇弁化した「三蝶咲き」などがある

シャガ(アヤメ科)

【花期】6月【性質】常緑多年草【分布】日本　青紫色を帯びた白い花を、数輪まとめて穂状に咲かせる。大きく育つので地植え向き。葉に光沢があり、冬でも枯れないのでグランドカバーによい。斑入り葉の品種もある

フッキソウ(ツゲ科)

【花期】4月〜5月【性質】常緑多年草【分布】日本　柔らかく横に伸びる茎をもち、長さ4cmほどの濃緑色の葉を先端に数枚つける。常緑性で一年中同じような状態を保ち、ほとんど手入れが不要で草姿の乱れも少なくマット状に広がる。耐乾性は高いが、葉を美しい状態に保つためには乾かしすぎに注意

トキワイカリソウ(メギ科)

【花期】4月〜5月【性質】常緑多年草【分布】本州中部以西　花のもつ独特の形を船の碇に見立ててトキワイカリソウの名前がつけられた。根茎が伸長して大株となり、冬にも葉が枯れずに残る。福井県以西では紅紫色花、以東では白色花になる

ユキノシタ(ユキノシタ科)

【花期】6月【性質】常緑多年草【分布】日本、中国
庭園の日陰で昔からなじみ深い日本原産の植物。葉は円腎形で、葉脈に沿って暗緑色地に白い斑が入る。斑の入らないもの(アオユキノシタ)や、葉縁に白斑の入る園芸種もある

ホトトギス(ユリ科)

【花期】7月〜10月【性質】多年草【分布】日本、東アジアなど　日本の特産種で、主に太平洋側に自生する。関東・福井県以西の湿った林内などに生える。直径2〜3cmで紫色の斑点がある花を1〜3輪、上向きに咲かせる。名の由来は、白地に紫の斑点を散りばめた花が鳥のホトトギスの胸紋に似ていることから

 写真：荻野寿也・ガーデン和光

新井宗文［あらい・たかふみ］
新井アトリエ一級建築士事務所
1974年神奈川県生まれ。'96年東京都立大学法学部法律学科卒業。'99年東京都立大学工学部建築学科卒業。同年～2013年日本設計勤務。'13年新井アトリエ一級建築士事務所設立

荒木毅［あらき・たけし］
荒木毅建築事務所
1957年北海道生まれ。'81年北海道大学工学部建築工学科卒業。'83年同大学大学院工学研究科修了。レーモンド設計事務所、アーキテクトファイブを経て、'90年アレフアーキテクツ設立。2000年荒木毅建築事務所に改称・主宰

蟻塚学［ありつか・まなぶ］
蟻塚学建築設計事務所
1979年青森県生まれ。2002年広島大学工学部第四類卒業。同年～'08年三分一博志建築設計事務所勤務。'08年蟻塚学建築設計事務所設立

飯塚豊［いいづか・ゆたか］
アイプラスアイ設計事務所
1966年東京都生まれ。'90年早稲田大学理工学部建築学科卒業。都市設計研究所、大高建築設計事務所を経て、2004年i+i設計事務所設立。'21年株式会社アイプラスアイ設計事務所に改組

井上貴詞［いのうえ・たかし］
井上貴詞建築設計事務所
1980年山形県生まれ。2003年東北大学工学部卒業。'05年同大学大学院工学研究科博士課程前期修了。本間利雄設計事務所＋地域環境計画研究室を経て、'14年井上貴詞建築設計事務所設立

宇佐見寛［うさみ・ゆたか］
アトリエルクス
1974年愛知県生まれ。'97年愛知工業大学工学部建築工学科卒業。積水ハウス設計課、設計事務所勤務を経て、2004年アトリエルクス一級建築士事務所設立。'19年株式会社に改組

大塚達也［おおつか・たつや］
エム・アンド・オー
1970年北海道生まれ。'94年室蘭工業大学建設システム工学科卒業。'96年同大学大学院建設システム工学修了。中井仁実建築研究所を経て、2004年一級建築士事務所エム・アンド・オー設立

荻野寿也［おぎの・としや］
荻野寿也景観設計
1960年大阪府生まれ。'99年自宅アトリエが第10回大阪府みどりの景観賞奨励賞を受賞。以後、独学で造園を学ぶ。2006年荻野寿也景観設計設立

菊池佳晴［きくち・よしはる］
菊池佳晴建築設計事務所
1977年宮城県生まれ。2000年東北芸術工科大学デザイン工学部環境デザイン学科卒業。羽田設計事務所、都市建築設計集団を経て、'11年菊池佳晴建築設計事務所設立

木曽善元［きそ・よしゆき］
木曽善元建築工房
1962年秋田県生まれ。'84年東北工業大学建築学科卒業。メックデザインインターナショナル、針生承一建築研究所を経て、'95年木曽善元建築工房設立

久我義孝［くが・よしたか］
ハース建築設計事務所
1982年滋賀県生まれ。2006年関西大学工学部建築学科卒業。建築設計事務所勤務を経て、'16年ハース建築設計事務所設立

熊澤安子［くまざわ・やすこ］
熊澤安子建築設計室
1971年奈良県生まれ。'95年大阪大学工学部建築工学科卒業。'96～2000年、DON工房一級建築士事務所勤務。'00年より熊澤安子建築設計室主宰

定方三将［さだかた・みつまさ］
上町研究所
1970年山口県生まれ。'92年神戸大学工学部建築学科卒業。'92～'98年昭和設計勤務。'98年上町研究所設立。2014年株式会社に改組

佐藤哲也［さとう・てつや］
佐藤・布施建築事務所
1973年東京都生まれ。'96年東京デザイン専門学校建築デザイン科を卒業後、椎名英三建築設計事務所に勤務。2003年布施木綿子建築設計事務所を共同主宰。'06年佐藤・布施建築事務所を共同設立

島田貴史［しまだ・たかし］
しまだ設計室
1970年大阪府生まれ。'94年筑波大学芸術専門学群環境デザイン専攻卒業。'96年京都工芸繊維大学デザイン工学科造形工学専攻修了。プレック研究所勤務を経て、2008年しまだ設計室設立

高野保光［たかの・やすみつ］
遊空間設計室
1956年栃木県生まれ。'79年日本大学生産工学部建築工学科卒業。'84年同大学生産工学部勤務(助手)。'91年遊空間設計室設立

谷重義行［たにしげ・よしゆき］
谷重義行建築像景
1958年広島県生まれ。'80年広島工業大学工学部建築学科卒業。'84年広島大学大学院工学研究科建築計画学修了。設計事務所ゲンプラン東京事務所、国立石川工業高等専門学校建築学科文部教官講師、ジョモ・ケニアッタ農工大学建築学科講師を経て、2001年谷重義行＋建築像景研究室主宰。'16年谷重義行建築像景に改称

堤庸策［つつみ・ようさく］
arbol
1979年東京都生まれ。'98年国立阿南工業高等専門学校高等課程修了後、専門学校アートカレッジ神戸卒業。2002年田頭健司建築研究所を経

て、'09年arbol設立

照井康穂[てるい・やすお]
照井康穂建築設計事務所
1967年大阪府生まれ。'92年北海道大学工学部建築学科卒業。竹中工務店、アーブ建築研究所を経て、2007年照井康穂建築設計事務所設立

冨田享祐[とみた・きょうすけ]
HAN環境・建築設計事務所
1976年広島県生まれ。2000年横浜国立大学工学部建築学科卒業。'02年同大学大学院工学研究科修士課程修了。'04年～HAN環境・建築設計事務所。'19年パッシブデザインプラス株式会社設立

濱田修[はまだ・おさむ]
濱田修建築研究所
1961年富山県生まれ。'84年近畿大学理工学部建築学科卒業。石井和紘建築研究所、メーワアソシエイツ一級建築士事務所を経て、'93年濱田修建築研究所設立

深山知子[ふかやま・ともこ]
深山知子一級建築士事務所・アトリエレトノ
1971年富山県生まれ。'93年日本大学生産工学部建築工学科卒業。設計事務所勤務を経て、2013年アトリエレトノ一級建築士事務所設立。'18年深山知子一級建築士事務所・アトリエレトノに改称

布施木綿子[ふせ・ゆうこ]
佐藤・布施建築事務所
1971年東京都生まれ。'94年日本大学理工学部建築学科を卒業後、椎名英三建築設計事務所に所属。2002年布施木綿子建築設計事務所主宰。'06年佐藤・布施建築事務所を共同設立

堀部太[ほりべ・ふとし]
堀部太建築設計事務所
1985年北海道生まれ。2008年北海道工業大学工学部建築学科卒業。伊達計画所、Sa design office一級建築士事務所を経て、'16年堀部太建築設計事務所設立

前田圭介[まえだ・けいすけ]
UID
1974年広島県生まれ。'98年国士舘大学工学部建築学科卒業。工務店勤務を経て、2003年UID設立。現在、広島工業大学教授

松田毅紀[まつだ・たけのり]
HAN環境・建築設計事務所
1965年東京都生まれ。'86年麻布大学獣医学部獣医学科入学。'92年東京職業訓練短期大学校建築科卒業。'96年HAN環境・建築設計事務所入所。2005年同事務所設計統括就任。'11年同事務所代表就任

松原正明[まつばら・まさあき]
木々設計室
1956年福島県生まれ。東京電機大学工学部建築学科卒業。'86年松原正明建築設計室設立。2018年木々設計室に改称

湊谷みち代[みなとや・みちよ]
エム・アンド・オー
1966年北海道生まれ。'89年北海道工業大学建築工学科卒業。ナカヤマ・アーキテクツを経て、2004年一級建築士事務所エム・アンド・オー設立

南澤圭祐[みなみさわ・けいすけ]
HAN環境・建築設計事務所
1974年東京都生まれ。'95年YMCAデザイン研究所卒業。同年～2000年組織事務所、アトリエ事務所に在籍。'00～'07年伊藤寛アトリエ在籍。'07年南澤建築設計事務所設立。'11年HAN環境・建築設計事務所参画

向山博[むこうやま・ひろし]
向山建築設計事務所
1972年神奈川県生まれ。'95年東京理科大学工学部建築学科卒業。鹿島建設、シーラカンスK&Hを経て、2003年向山建築設計事務所設立

村田淳[むらた・じゅん]
村田淳建築研究室
1971年東京都生まれ。'95年東京工業大学工学部建築学科卒業。'97年同大学大学院建築学専攻修士課程修了後、建築研究所アーキヴィジョン入社。2007年村田靖夫建築研究室代表。'09年村田淳建築研究室に改称

安江怜史[やすえ・れいじ]
安江怜史建築設計事務所
1980年愛知県生まれ。2002年滋賀県立大学卒業。GA設計事務所を経て、'14年安江怜史建築設計事務所設立

横内敏人[よこうち・としひと]
横内敏人建築設計事務所
1954年山梨県生まれ。'78年東京藝術大学美術学部建築学科卒業。'80年マサチューセッツ工科大学大学院修了。'83～'87年前川國男建築設計事務所を経て、'91年横内敏人建築設計事務所設立

横関万貴子[よこぜき・まきこ]
NEO GEO
1964年大阪府生まれ。'94年大阪芸術大学芸術学部建築学科卒業。2001年三木万貴子建築設計室設立。同年NEO GEO参加。'09年滋賀県立大学地域再生学座近江環人修了。'12年京都大学大学院修了、'17年同博士課程後期修了。現在NEO GEO共宰

横関正人[よこぜき・まさと]
NEO GEO
1962年兵庫県生まれ。'84年福井工業大学工学部建設工学科卒業。コンコード建築設計事務所を経て、'91年横関正人建築研究所設立。'94年NEO GEO設立・代表

渡辺ガク[わたなべ・がく]
g_FACTORY建築設計事務所
1971年岩手県生まれ。'93年東京デザイナー学院スペースデザイン科卒業。瀬野和広+設計アトリエを経て、2007年g_FACTORY建築設計事務所設立

緑と住む。

庭・縁側・土間・窓辺から住まいを整える

2021年9月14日　初版第1刷発行
2021年11月1日　　　第2刷発行

発行者　澤井聖一
発行所　株式会社エクスナレッジ
〒106-0032　東京都港区六本木7-2-26
https://www.xknowledge.co.jp/
問合先　編集　Tel：03-3403-1381
Fax：03-3403-1345
Mail：info@xknowledge.co.jp
販売　Tel：03-3403-1321
Fax：03-3403-1829